E. Landolt

Der gegenwärtige Stand der Staroperation

E. Landolt

Der gegenwärtige Stand der Staroperation

ISBN/EAN: 9783744637367

Hergestellt in Europa, USA, Kanada, Australien, Japan

Cover: Foto ©ninafisch / pixelio.de

Weitere Bücher finden Sie auf **www.hansebooks.com**

Der gegenwärtige Stand der Staroperation.

Von

Dr. Landolt,
Paris.

Mit 2 Figuren im Text.

Hamburg und Leipzig.
Verlag von Leopold Voss.
1892.

I.

Die Staroperation hat von jeher auf den Wundarzt eine ganz besondere Anziehungskraft ausgeübt. — Stellt das hohe Ziel, das sie verfolgt, sie in den ersten Rang für den Menschenfreund, so verbürgt ihr die gewandte Hand, der sichere Blick, den sie erfordert, für immer die Sympathie der feinen Klingen der Chirurgie.

Dazu kommt, dafs das Auge für den Chirurgen nicht weniger als für den Physiologen und Pathologen einen wundervollen Mikrokosmus darstellt, der sich in unvergleichlicher Weise zum Studium der Methoden eignet, die der Chirurgie unserer Zeit so rasche und staunenswerte Fortschritte ermöglicht haben.

Ist es daher zu verwundern, wenn diese Operation für den Fachmann den Lieblingsgegenstand des Gesprächs, der Forschungen und der Veröffentlichungen bildet?

Aber gerade auf letzterem Gebiete begegnen wir in der neueren Zeit nicht nur beunruhigenden Widersprüchen, sogar zwischen den Kompetentesten, sondern auch unzweifelhaft unrichtigen Behauptungen, die wohl dazu angethan sind, unerfahrene Leser und Hörer irre zu führen.

Es schien uns daher angezeigt, den Versuch zu wagen, in eine so wichtige Frage wie die Staroperation etwas mehr

Klarheit zu bringen, der Verschiedenheit zwischen Meistern von gleichem Werte womöglich auf den Grund zu kommen, und gegenüber gewissen, ebenso phantastischen als gefährlichen Vorschlägen den gesunden Menschenverstand sprechen zu lassen.

Es wird sich zu gleicher Zeit Gelegenheit bieten, uns Rechenschaft zu geben über den Einfluſs, den Antisepsis und Kokain auf die Staroperation ausgeübt haben. Ist doch, dank der ersteren, für die gesamte Chirurgie eine ganz neue Aera aufgegangen, während ein guter Geist das letztere eigens für unsere Spezialität scheint geschaffen zu haben.

Um unsere Arbeit fruchtbarer zu machen, sie vor jeder Voreingenommenheit möglichst zu schützen, haben wir uns der Mitwirkung einer groſsen Zahl von Kollegen verschiedenen Alters und Wohnsitzes versichert. Überzeugt davon, daſs diejenigen, welche ihre Stimme in Journalen und an Kongressen am lautesten erheben, durchaus nicht immer die allgemeine Meinung vertreten, und diejenigen, deren Ansicht am nützlichsten zu vernehmen wäre, die Meister, denen eine groſse Erfahrung seit langem die besten Methoden gelehrt hat, stille schweigen, gerade weil ihre Operationsweise ihnen weder neu noch aufserordentlich vorkommt, überzeugt — mit einem Worte — von dem Nutzen einer möglichst allgemeinen Besprechung unseres Gegenstandes, haben wir uns erlaubt, an eine groſse Zahl von Kollegen, deren Meinung uns noch unbekannt war, einen Fragebogen zu senden.

Die wohlwollende Aufnahme, welche demselben zu teil geworden ist, hat uns mehr als erfreut; sie hat uns tief bewegt. Der Mangel an Zeit allein hat uns verhindert, unseren Korrespondenten persönlich für die verbindliche und belehrende Weise, mit der sie unsere Anfrage beantwortet haben, zu danken. Mögen sie hiemit die Versicherung unserer tiefgefühlten und aufrichtigen Dankbarkeit entgegennehmen! Ihre Antworten sind für uns vom höchsten Werte gewesen und würden die interessantesten Dokumente für die Geschichte der

Augenchirurgie bieten, wenn es gestattet wäre dieselben zu veröffentlichen.

Die Meinung vieler Fachgenossen war uns aus ihren Publikationen schon bekannt, wir konnten sie also mit unsern Fragen verschonen. Alle und jeden zu hören war — die Kollegen werden es begreifen — nicht möglich. Wir bitten denn auch diejenigen, denen unser Zirkular nicht zugegangen ist, uns gütigst zu entschuldigen, wenn wir sie nicht belästigt haben. Wir haben gesucht, für die verschiedenen Länder und Schulen wenigstens einen Vertreter zu gewinnen. So hoffen wir denn auch, dafs jeder in den nachfolgenden Seiten seine Meinung berücksichtigt finden möge, und dafs die Harmonie vollständig werde unter all denen, die das Gute und Wahre mit gleicher Aufrichtigkeit suchen.

Wenn wir von der Staroperation sprechen, so wollen wir uns hier wohlverstanden auf die Operation durch Extraktion beschränken.

Seitdem DAVIEL die Möglichkeit der Entfernung der kataraktös gewordenen Linse aus dem Auge dargethan, haben eine so grofse Zahl der bedeutendsten Männer diese segensreiche Operation gepflegt und zu vervollkommnen gesucht, dafs man glauben sollte, es könne zur Stunde kein Zweifel mehr herrschen über die beste Methode der Starextraktion. Dem ist aber nicht also. Das Resultat unserer Nachforschung liefert gerade den besten Beweis von der grofsen Meinungsverschiedenheit, welche in dieser Frage zur Stunde noch herrscht.

Schon was die Indikation zur Operation anlangt, so scheint man darin noch nicht einmal ganz einig zu sein, und zwischen denen, welche, wie GAYET, es vermeiden »autant que possible d'opérer des cataractes non mûres« oder die mit SPRAGUE finden, »that it is bad surgery to extract immature cataracts« und denjenigen, welchen die Operation reifer und unreifer Stare gleich gute Resultate liefert, wie FUCHS, HIRSCHBERG, SCHWEIGGER und anderen, finden sich alle möglichen Anichten vertreten.

Was die Operation selbst betrifft, so bildet auch deren kleinste Einzelheit den Gegenstand gröfster Kontroversen. Höchstens ist man darüber einig, dafs der beste Ort für den Schnitt ungefähr im Kornealrand liege, und dafs er gröfser sein müsse als die Katarakt, der er Durchlafs gewähren soll. Aber damit hört die Übereinstimmung auf. Die einen verlegen den Schnitt nach oben, die andern nach unten. Diese operieren mit Konjunktivallappen, dem jene mit grofser Sorgfalt aus dem Wege gehen. Die einen machen, als Bürgschaft für den Erfolg der Operation, eine Iridektomie, welche von den andern als mehr als überflüssig verworfen wird. Für manche Kollegen ist die Linsenkapsel erst dann genügend geöffnet, wenn sie ein Stück derselben mit einer Hakenpinzette entfernt haben, während andern ein ausgiebiger Schnitt oder Rifs hinreichend erscheint.

Und ist die Katarakt einmal entbunden, mit welcher Sorgfalt vermeidet nicht der eine, irgend welches Instrument in die Wunde einzuführen, und sucht die zurückgebliebenen Starreste lieber durch behutsame Massage mit den Lidern zu entfernen, während der andere die Linsenkapsel kühn mit einem Löffel ausräumt. Ja noch mehr: er unterzieht die vordere Kammer und den Kapselsack einer energischen Ausspülung, welche vielen äufserst gefährlich erscheint.

Wie lassen sich diese ausgesprochenen Meinungsverschiedenheiten zwischen gleich kompetenten, gleich erfahrenen, gleich aufrichtigen Männern über einen scheinbar so einfachen Gegenstand erklären?

Müssen wir daraus schliefsen, dafs unsere Hoffnung, auf diesem Gebiete zu einer Lösung zu kommen, verfrüht sei, dafs die Frage der Starextraktion noch lange auf ihre Entscheidung harren werde? — Ich glaube es nicht. Die Resultate, welche diese Operation zu einer der glücklichsten der gesamten Chirurgie, wir möchten fast sagen, einer idealen machen, beweisen das Gegenteil.

Woran liegt es denn aber, dafs man auf verschiedenen Wegen zu demselben glücklichen Ziele gelangt?

Man könnte sich allerdings fragen, ob es nicht vielleicht einen einzigen geraden Weg giebt, der zum Ziele führt, und den einige besonders Begünstigte gefunden hätten, während andere auf Umwegen erst langsam nachkommen.

Wenn wir den hohen Wert der Männer, die sich mit Augenchirurgie befassen, in Betracht ziehen, so ist es kaum denkbar, dafs eine kleine Zahl unter ihnen allein das Licht von oben empfangen hätten, während die andern, mit seltsamer Blindheit geschlagen, im Dunkeln herumirren müfsten, um endlich mühsam dort anzulangen, wohin die andern wie auf Adlerschwingen geflogen sind.

Können wir denn auch einerseits ohne allzu grofse Vermessenheit hoffen, unsere Frage in befriedigender Weise zu lösen, so scheint unsere Aufgabe andererseits nichtsdestoweniger mit beträchtlichen Schwierigkeiten verbunden zu sein.

Bei einigem Nachdenken wird man zunächst finden, dafs nichte eine, sondern mehrere Ursachen diese Meinungsverschiedenheit über die Art der Ausführung der Staroperation zu erklären im stande sind.

In erster Linie kann sie herrühren von einem Mangel an Klarheit in der Definition. Dies trifft jedenfalls zu für die Frage nach der *Reife des Stares*.

Lange Zeit hat man eine Katarakt erst dann als reif d. h. zur Operation geeignet angesehen, wenn die Linse in ihrer ganzen Ausdehnung getrübt war. Nun hat aber die Erfahrung gezeigt, dafs viele Katarakte ganz gut operierbar sind, auch wenn sie noch viel Licht durchlassen. Ersetzen wir den Ausdruck »reif« durch »operierbar«, so einigen wir schon die Mehrzahl der Kollegen. In der That verstehen die meisten, welche von der Operation unreifer Katarakte sprechen, darunter mehr oder weniger durchsichtige Stare, die aber ganz leicht gepflückt werden können.

Das hindert nicht, dafs unter den operierbaren Katarakten eine sehr grofse Verschiedenheit besteht, eine Verschiedenheit, die so beträchtlich ist, dafs uns die Wahl eines verschiedenen

Operationsverfahrens für die einen und die anderen mehr als gerechtfertigt erscheint.

Wir werden es daher ganz natürlich finden, dafs derjenige, der mehr Katarakte einer bestimmten Art zu operieren hat, nicht dasselbe Verfahren einschlägt, wie derjenige, welcher mehr andere Starformen zu sehen bekommt. So kennen wir zwei gleich erfahrene und gleich gewandte Operateure, die in derselben Stadt praktizieren; der eine steht an der Spitze einer grofsen Staatsanstalt, während der andere seine bescheidenere Privatklinik dirigiert. Der erstere hat mehr als genug Stare zu operieren und wählt wie natürlich die günstigsten aus. Sein Verfahren ist »das einfache Verfahren«. Der andere, welcher hauptsächlich die Fälle sieht, welche im Spital nicht Platz gefunden haben, zieht die Extraktion mit Iridektomie vor, und scheint ihm die letztere in den zahlreichen komplizierten Fällen, mit denen er zu thun hat, eher eine Vereinfachung zu sein.

Auch hier wäre etwas mehr Klarheit in der Definition sehr wünschenswert. Es sollten die Erfinder von Operationsmethoden jedesmal erklären, für welche Form von Katarakt sie ihr Verfahren empfehlen.

Die klassischen, senilen Katarakte lassen sich leicht auf jede vernünftige Weise entfernen. Aber neben diesen einfachen Katarakten giebt es eben zahlreiche komplizierte, für welche die meisten brillanten Verfahren, die in den letzten Jahren angepriesen worden sind, sich als ungenügend erweisen, was aber deren Erfinder mit halbem oder ganzem Stillschweigen übergehen.

Eine andere Ursache, welche den Modus der Operation beeinflussen kann und mufs, ist das Temperament des Patienten. Es bestehen in dieser Beziehung sehr bedeutende Verschiedenheiten. Die einen sind ruhig, folgsam, ja kalt und unempfindlich, die andern leicht erregbar, nervös, unfähig, irgendwelchen Schmerz oder eine etwas länger dauernde Operation zu ertragen, während sie sich, einmal operiert, ganz leidlich zu der erforderlichen Ruhe entschliefsen können. Der

Augenarzt, der mehr Patienten der ersten Kategorie zu operieren hat, wird jedes Operationsverfahren anwenden können, aber gerne dasjenige auswählen, das mehr Sicherheit gewährt, das aber für erregbare Kranke, aus diesem oder jenem Grunde, eine gewisse Gefahr in sich schliefsen könnte. Andrerseits wird uns oft die Ungeberdigkeit eines Kranken ein Verfahren empfehlen, das so wenig Unbeweglichkeit als möglich erfordert, weil wir eben voraussehen, dafs derselbe die für die Heilung erforderliche Ruhe nicht aufzubringen im Stande ist.

Ein fernerer Faktor beeinflufst das Operationsverfahren, ein Faktor von so grofser Wichtigkeit, dafs man sich wundern mufs, dafs derselbe noch nie so recht ist hervorgehoben worden. Es ist dies die Persönlichkeit des Operateurs selbst, sein Temperament, seine geistigen und körperlichen Anlagen. Der Charakter des einen eignet sich eher zu einem kühnen und raschen Verfahren, dem er, da er öffentlich operiert, gern ein gewisses Brio giebt. Ein anderer hat ausschliefslich das Endresultat im Auge; er will vor allem nichts riskieren und giebt einer langsameren, ja selbst beschwerlicheren Methode den Vorzug, wenn sie ihm eben gröfsere Sicherheit zu bieten scheint.

Es kann auch vorkommen, dafs ein Chirurg sich einer Messerform mit gröfserer Leichtigkeit bedient als einer anderen, und dadurch die Art und Weise seines operativen Vorgehens beeinflufst wird. Werden wir ihn darum tadeln? Ebensowenig als wir einen Linkshändigen zwingen wollten, sich seiner rechten Hand zu bedienen, oder einen Rechtshändigen, ambidexter zu werden, wenn seine Anlagen sich nicht dazu eignen. Denn ein jeder kann mit seinem Verfahren ausgezeichnete Resultate gewinnen, gerade weil dasselbe mit seinen Fähigkeiten übereinstimmt. Die verschiedensten Operateure können recht haben, unrecht hätten sie nur, wollte der eine dem andern seine Operationsmethode aufnötigen.

Wir sehen übrigens auch denselben Chirurgen sein Verfahren ändern, dasselbe gegen ein anderes austauschen, um es später wieder aufzunehmen, ja sogar zum vierten und fünften Male wieder umzusatteln. Es stellt dies nur um so deutlicher den Einfluſs der Individualität auf das Operationsverfahren ins Licht. Man kann sich in der That leicht überzeugen, daſs auf seiten des Operateurs nicht nur gewisse äuſserliche Besonderheiten in Betracht gezogen werden müssen, wenn es sich um ein so delikates Unternehmen, wie die Kataraktoperation handelt, sondern, wie wir soeben hervorhoben, ebensosehr dessen Charaktereigenschaften und seine Geistesrichtung.

Obschon die Starextraktion eine sozusagen landläufige Operation geworden ist, so ist dieselbe doch mit mancherlei Schwierigkeiten verbunden. Bedenken wir nur, wie sehr wir dabei von dem Patienten abhängen, auf den wir nur einen beschränkten Einfluſs auszuüben vermögen. Dazu kommen noch mancherlei andere Umstände, oft unvorherzusehende, oft auſser dem Bereiche unserer Macht liegende, die unser Handeln zu stören vermögen. So schützen uns denn auch die verbesserten Operationsmethoden, die Vervollkommnung der Instrumente, ja sogar die Antisepsis und Asepsis keineswegs sicher vor allen üblen Zufällen. Es können stets solche vorkommen und es kommen stets auch solche vor; selbst dem Geschicktesten, dem vom Glück am meisten Begünstigten, bleiben sie nicht erspart. So selten dieselben nun auch sind, so sind sie nur um so empfindlicher. Wir finden es denn auch verzeihlich und erklärlich, wenn ein Operateur die Methode, in der er die Ursache eines Miſserfolges zu finden glaubt, gegen eine andere austauscht, die ihm mehr Schutz zu bieten scheint. Er entweicht der Scylla. Die Kollegen werden vielleicht sagen, er nähere sich der Charybdis. Wirklich dürfte es ihm später auch selber so vorkommen und er in der Folge zum zweiten Male seine Richtung ändern.

Während eines vollen Jahres operierte ich alle meine Katarakte ohne Iridektomie. — Einer unserer geübtesten Kollegen sagte mir damals: »Sie sind jetzt für die Extraktion ohne Iridektomie begeistert« (ich war es nicht übermäſsig); »Sie werden davon zurückkommen, ich sage es

Ihnen voraus. Es ist dies eine schlechte Methode, und ich kann dies um so mehr versichern, als ich, trotz langjähriger Gewohnheit, mit Iridektomie zu operieren, der Verfechter der einfachen Extraktion geworden war, und nun neuerdings, und zwar definitiv, die Extraktion wieder mit der Iridektomie verbinde.«

Er hatte nicht unrecht mit seiner Prophezeihung; ich bin in Bezug auf die einfache Extraktion kühler geworden und habe, wie er seinerzeit, die Iridektomie wenigstens in der Mehrzahl der Fälle wieder aufgenommen. Nur in einem Punkte traf sein Ausspruch nicht zu, nämlich darin, dafs er jetzt von neuem wieder die Extraktion ohne Iridektomie verteidigt.

Wie lassen sich diese Wandlungen und Schwankungen in der Wahl zweier anscheinend so verschiedenen Methoden erklären? — Ich für meine Person gestehe, dafs ich infolge von Iriseinklemmung und unvollständiger Entfernung von Kortikalmassen Komplikationen erlitten habe, denen ich durch Ausschneiden der Iris zu entgehen suche. Der erwähnte Kollege hat Mifserfolge anderer Art erlebt, als er mit Iridektomie operierte; denn jede Medaille hat ihre Rückseite. Die letzteren Nachteile schienen ihm wohl gröfser als die ersteren, und so ist er — bis auf weiteres — wieder ein Vorkämpfer für die einfache Extraktion geworden. Ich sage »bis auf weiteres«, denn man riskiert immer, seine Meinung ändern zu müssen, wenn man exklusiv ist.

Die so mannigfaltigen, oft grundverschiedenen Antworten, die meinem Fragebogen zu teil geworden sind, bilden übrigens den besten Beweis von dem Einflusse, den die Einbildungskraft, die Suggestion, um uns eines modernen Ausdruckes zu bedienen, auf den Operateur auszuüben vermag. Viele Kollegen schreiben mir, dafs sie in den letzten Jahren viel weniger Glaskörperverlust zu beklagen haben, und sehen darin die hauptsächlichsten Vorteile der Antisepsis und des Kokains. Andere erwähnen diese Gefahr nicht einmal, schätzen sich dagegen glücklich, nicht mehr wie früher plastische Iritiden und Sekundärkatarakt auftreten zu sehen.

Woran mag es wohl liegen, dafs den einen und den andern

bei derselben Operation ganz verschiedene Zufälle begegnet sind?
— Wahrscheinlich daran, dafs die erstern, ganz besonders die Gefahr einer unvollständigen Entfernung der Katarakt fürchtend, einen eher zu ausgedehnten und sehr peripheren Schnitt anlegen und in der Austreibung der Starreste sehr energisch zu Werke gehen. Die letztern dagegen, welchen der Glaskörperverlust, ja schon die Ruptur der Hyaloidea, als Hauptgefahr vorschwebt, sind wohl in der Ausdehnung der Wunde und der Reinigung der vordern Kammer etwas zu vorsichtig und haben dann mit den Folgen der Quetschung der Wunde und zurückgebliebener Kortikalis zu kämpfen. So weichen beide einer Gefahr aus, um in eine andere zu geraten.

Und die Discission des Nachstares! Nichts ist sonderbarer, als die Meinungsverschiedenheit, welche über diese so einfache Operation besteht! Gerade die Hälfte unserer Korrespondenten hält sie für ganz harmlos, während die andere Hälfte dieselbe blofs im äufsersten Notfalle ausführt. Wohlverstanden sind die einen und die andern erklärte Anhänger der Antisepsis. Woher auch hier wieder der Zwiespalt? Er geht wohl ohne Zweifel aus der Thatsache hervor, dafs wir, trotz all' unserer Vorsichtsmafsregeln, nicht im stande sind, das zarte Organ, auf dem wir operieren, vor jeder Infektion zu schützen. Letztere ist glücklicherweise selten, sehr selten geworden, aber derjenige, dem ein einziges Mal das Unglück begegnet ist, nach einer einfachen Discission ein Auge zu verlieren, welches er durch eine kunstvolle Operation sehend gemacht hatte, der wird davon einen so tiefen Eindruck behalten, dafs er diese kleine Ergänzung seines Werkes nur mit äufserster Vorsicht unternehmen wird.

Die Starextraktion, obschon seit langem der Gegenstand eifrigster Forschung und Vervollkommnung, gehört eben doch immer noch nicht zu den absolut gefahrlosen Operationen, und so modifiziert denn jeder Operateur, je nachdem er mehr Gewicht auf diese oder jene Gefahr legt, sein Verfahren, gemäfs den Mitteln, welche ihm die Natur zu deren Bekämpfung oder Verhütung zu Gebote stellt.

Jeder erfahrene und aufgeklärte Chirurg wird diese Handlungsweise billigen und eben dadurch anerkennen, daſs es für die Kataraktoperation niemals eine einzige und universale Operationsmethode geben wird. Muſs man dieselbe einerseits der Natur der Katarakt und der des Kranken anpassen, so ist es andererseits ebenso wichtig, die Individualität des Operierenden und noch manche anderen Umstände in Betracht zu ziehen, die jeder spezielle Fall mit sich bringt. Nichts ist widersinniger, nichts verhängnisvoller und jedem Fortschritte hinderlicher, als jedermann zu zwingen, denselben Weg zu gehen. Armselig ist der Musikant, dessen Instrument nur eine Saite besitzt, beklagenswert der Chirurg, der nur ein einziges Operationsverfahren kennt.

Ist nicht die Geschmeidigkeit des Geistes sowohl wie der Hand, die Fähigkeit, sich allen Umständen und Bedürfnissen anzupassen, die Haupteigenschaft des wahren Künstlers? Auf alle Eventualitäten gefaſst zu sein, keine Methode ausschlieſslich zu üben, sondern alle zu beherrschen, das ist die Chirurgie, welche diesen Namen verdient.

Oft genug haben wir uns genötigt gesehen, das Verfahren, welches uns im Beginn der Operation angezeigt schien, im Verlauf derselben zu modifizieren. So ist es uns denn auch nie eingefallen, nach einem Universalverfahren für die Starextraktion zu fahnden, wohl aber die Mittel und Wege zu suchen, um in all' den so verschiedenen Fällen zu demselben glücklichen Ziele, der Wiederherstellung des Sehvermögens, zu gelangen.[1]

---

[1] »You are perfectly right,« schrieb mir der selige BOWMAN, «I never laid down a method of Extraction of cataract universally applicable. I always, in every case operated as seemed to me at the time best for the individual treated. .... I cannot doubt that the problem of what is to be accounted the best method in any particular class of cases will still have to be worked out by our successors and by theirs too; but ever remaining open to modifications to suit the thousand personal circumstances of our patients.«

Geben wir aber zu, dafs in der Wahl der Methode eine grofse Freiheit gestattet, ja nötig sei, so soll damit durchaus nicht gesagt sein, dafs wir all' und jedes Verfahren zur Herausförderung des Stares gutheifsen. So wenig wir z. B. einen Operateur billigen würden, der unter dem Vorwande, er führe die Schere besser als das Messer, das Auge nach der Art der Patriarchen unserer Kunst eröffnen wollte, so wenig könnten wir demjenigen beistimmen, der beispielsweise die Wunde in den horizontalen Meridian der Hornhaut verlegt etc.

Es bestehen auch hier Grenzen, die man nicht überschreiten darf. Möchte es uns gelingen, im folgenden diese Grenzen unseres Operationsverfahrens anzudeuten und so gut wie möglich die Indikationen für die wichtigsten Fälle anzugeben.

Gehen wir zu diesem Zwecke die verschiedenen Phasen der Kataraktoperation durch, indem wir dabei die Erfahrung der Kollegen ebenso sehr als die eigene zu Rate ziehen, und betrachten wir zunächst die Operierbarkeit der Katarakt.

Hat auch, wie wir bereits betont haben, die Erfahrung gelehrt, dafs Operierbarkeit keineswegs gleichbedeutend ist mit Undurchsichtigkeit der Linse, so bildet die letztere doch für eine gewisse Zahl von Kollegen immer noch das Hauptsymptom, von welchem sie den Zeitpunkt des chirurgischen Eingriffs abhängig machen. So verlangt zum Beispiel BARRAQUER, dafs wenigstens ein Drittel, CHODIN, dafs die ganze Linse oder jedenfalls die Rindenzone undurchsichtig sei, während BAGNÉRIS, FOUCHER, MANZ, SCHMIDT-RIMPLER, WALDHAUER und andere mit der Extraktion bis zur vollständigen Trübung der Katarakt warten.

Andere richten sich bei der Bestimmung des Zeitpunktes der Operation nach der Sehschärfe.

Frau R. KERSCHBAUMER operiert, sobald der Star die Sehkraft wesentlich zu beeinträchtigen anfängt. So machen auch andere Kollegen die Indikation für die Operation abhängig von der Distanz, auf welche der Patient gerade noch Finger zählt.

Dieselbe ist für MANOLESCU 3 m, für BRIBOSIA 1 m, für INOUYE 2′, für ARGYLL ROBERTSON 1′. JULER schreitet erst zur Operation, wenn der Kranke die Finger gar nicht mehr zählt. »Wenn er nicht mehr Jäger 16 liest«, sagt CRITCHETT, »wenn er nicht mehr lesen kann« BADER etc.

Wieder für andere ist es das Alter des Patienten, welches den Ausschlag giebt. Nach ihnen hat in einem gewissen Alter, 56 Jahre (MOOREN), 60 (DEUTSCHMANN), 50 (HIRSCHBERG),[1] 50—60 (SCHWEIGGER),[2] jede Linse eine derartige senile Veränderung erlitten, dafs sie sich leicht von der Kapsel löst und ohne Schwierigkeit extrahiert werden kann.

Noch andere lassen sich einzig und allein durch das Interesse des Kranken leiten.[3] Würden sie einerseits eine Katarakt nicht berühren, wenn dieselbe auch noch so reif wäre und ein noch so glänzendes Resultat verspräche, solange das andere Auge noch gut ist, so würden sie andererseits ohne Bedenken, selbst bei einem relativ jungen Individuum, zur Extraktion einer sehr wenig getrübten Linse schreiten, wenn deren mangelhafte Durchsichtigkeit den Patienten hindert, seinem Berufe obzuliegen.

Wir möchten bezweifeln, dafs auf diese Weise das wirkliche Interesse des Kranken immer gewahrt wird. In der That haben uns unsere Vorgänger, unsere Meister nicht ohne Grund vor der Operation unreifer Stare gewarnt. Es war gewifs nicht Vorurteil, noch theoretische Spekulation, was sie in dieser Beziehung so vorsichtig machte. Ohne Zweifel ging man, sobald DAVIELs wundervolle Entdeckung bekannt war, fröhlich an die Extraktion aller Linsen, deren teilweise oder gänzliche Undurchsichtigkeit die Sehkraft beeinträchtigten. Doch nur zu bald mufste man einsehen, dafs man in diesem

---

[1] *Hirschberg, Centralbl. f. Augenhlk.* 1890. p. 212.
[2] SCHWEIGGER, Berl. med. Gesellsch. 2. Juli 1890.
[3] GOUPILLAT schreibt uns in dieser Hinsicht sehr treffend: »Wollte man mehr das Interesse des Kranken befragen, so würden weniger Katarakten operiert« — »und jedenfalls oft in anderer Weise«, möchten wir beifügen.

Operationseifer zu weit gehen könne. Man machte die Erfahrung, dafs, während gewisse Katarakten sich mit gröfster Leichtigkeit operieren lassen, andere nur mit Mühe extrahiert werden können, selten normal heilen und Reste zurücklassen, welche oft genug zu einem gröfserem Übel, als die ursprüngliche Katarakt war, Veranlassung geben. Allerdings sind, dank der Antisepsis, diese Komplikationen viel weniger zu fürchten als früher, aber wir sind nichtsdestoweniger mit der überwiegenden Mehrzahl der Kollegen der Ansicht, dafs der Zeitpunkt des chirurgischen Eingriffs keineswegs gleichgiltig ist, und dafs von seiner Wahl sehr häufig der Erfolg unserer Operation abhängt.

So begnügen wir uns denn auch nicht (wie übrigens bei jedem therapeutischen Eingriffe), den Wunsch und das Interesse des Kranken zu Rate zu ziehen; selbst sein Alter, seine Sehschärfe, der Grad der Trübung seiner Linse genügen uns nicht, um den passenden Moment der Kataraktextraktion zu bestimmen. Ein Greis kann Träger einer Katarakt sein, die ihm das Lesen unmöglich macht, und dennoch raten wir ihm, die Operation hinauszuschieben, wenn eine wiederholte Untersuchung uns bewiesen hat, dafs die Trübung seiner Linse noch im Zunehmen begriffen ist. Umgekehrt werden wir nicht zögern, bei einem relativ jungen Patienten die Extraktion einer viel durchsichtigeren Linse vorzunehmen, wenn wir konstatiert haben, dafs die Katarakt keine Fortschritte mehr macht, ja vielleicht schon ins Regressivstadium getreten ist.[1]

In der That legen wir auf das Alter der Katarakt mehr Gewicht, als auf das des Individuums. Je länger

---

[1] »Le moment opportun de l'extraction de la cataracte est celui de sa maturité, c'est à dire lorsque celle-ci est complète et qu'il s'est fait une déhiscence pathologique entre les fibres cristalliniennes et leur implantation sur l'épithelium sous-capsulaire antérieur. — Ce n'est pas qu'on ne puisse intervenir exceptionnellement plus tôt, mais il faut toujours s'attendre à un nettoyage incomplet de la pupille, d'où réaction postopératoire plus vive et necessité d'intervenir à nouveau vue la fréquence des cataractes consécutives qui en résultent.« *Panas.*

sie bestanden hat, desto leichter wird sie sich von der Kapsel lösen, desto vollständiger wird der Erfolg unserer Operation sein.

ALF. GRÄFE drückt in dieser Beziehung vollkommen unsere Ansicht aus, wenn er sagt, dafs unreife (d. h. nicht vollständig undurchsichtige) Katarakten ohne die geringste Gefahr extrahiert werden können, wenn sich dieselben durch eine sehr langsam und allmählich fortschreitende Reifung auszeichnen. — »Es gehören hierher vorzugsweise ausgedehntere gelbe, resp. gelb-braune Kerntrübungen mit relativ durchsichtiger Randzone (hauptsächlich bei Myopen vorkommend), ferner intensive schalige Trübung der hinteren, zum Teil auch der vorderen Kortikalis, während die Kernregion nur wenig oder noch gar nicht getrübt ist, und endlich reichliche Durchsetzung des gesamten Linsensystems mit gestrichelten und punkt- resp. kleineren flächenförmigen Trübungen, zwischen welchen sich noch völlig durchsichtige Linsenteile befinden.«

Während die senile, die klassische Katarakt, welche viel eher als seinerzeit der Eiter das Epithet »bona et laudabilis« verdiente, in der Regel nur ein Syptom einer fast physiologischen Altersveränderung darstellt, so verrät diese letztere Form beinahe immer einen pathologischen Zustand des Augenhintergrundes. Man trifft sie denn auch vorzugsweise bei Augen, die an einer Ernährungsstörung leiden (bei Chorioiditis), oder bei hochgradiger Myopie, wo aber die Refraktionsanomalie nur ein Symptom der Erkrankung des Uvealtraktus ist.[1]

Es genügt, sich die verschiedenen Ursachen zu vergegenwärtigen, die eine Linsentrübung hervorrufen können, um einzusehen, dafs das Alter des Individuums und die Herabsetzung des Sehvermögens allein zur Bestimmung der Operabilität einer Katarakt nicht genügen. Kommen doch Ernährungsstörungen des Auges in jedem Alter vor, und thun

---

[1] LANDOLT. La Myopie. *Revue internationale des sciences*, 1879 — On Myopia. *The London R. ophth. Hosp. Rep.* Dec. 1879.

manche Leiden der inneren Augenhaute der Sehschärfe viel mehr Eintrag, als die unvollkommene Durchsichtigkeit der Linse.

Es ist allerdings oft genug der Fall, dafs den davon Betroffenen jegliche Arbeit unmöglich wird. Für sie wird die Frage der Operierbarkeit ihrer Katarakt zu einer wahren Lebensfrage, und ist es deshalb für den gewissenhaften Operateur eine äufserst wichtige Sache, zu entscheiden, ob, wann und wie operiert werden mufs.

Man hat denn auch, einerseits um das Gelingen der Operation zu sichern, anderseits um den Patienten frühzeitiger von seinem Leiden zu befreien, die *Reifung der Katarakt auf künstlichem Wege* herbeizuführen versucht.

Das erste Mittel, das zu diesem Zweck vorgeschlagen wurde, bestand in der Erzeugung einer traumatischen Katarakt durch die Punktion der Linse.[1] Dieses Verfahren hatte aber bekanntlich grofse Nachteile. Oft folgte nämlich der Punktion eine stürmische Schwellung der Linse, begleitet von Iritis und glaukomatösen Symptomen, welche eine verfrühte Extraktion unter sehr ungünstigen Verhältnissen nötig machten. Das ist auch der Grund, warum v. GRÄFE und MOOREN geraten haben, der Punktion eine Iridektomie vorauszuschicken, und warum SCHWEIGGER dessen Anwendung auf Patienten unter 40 Jahren beschränkt.[2]

Um die erwähnten Gefahren der Linsenpunktion zu vermeiden, hatte MUTER[3] schon im Jahre 1813 geraten, die Nadel nicht in die Linsensubstanz selbst einzuführen, sondern nur eine sorgfältige Discission der Kapsel zu machen.

Auch STEFFAN rühmt dieses Verfahren sehr. Auf 530 Extraktionen hat er 98 mal eine präliminäre Spaltung der

---

[1] GIBSON, London 1811, und *von Gräfes Arch. f. Ophth.* I. 2, p. 219, 1857 und X. 2, p. 209, 1864. — Siehe auch WOLFF, *Ann. d'oc.* 1891. p. 400.

[2] SCHWEIGGER, Berlin. med. Gesellsch. 2. Juli 1890.

[3] MUTER, *Pract. observations on various novel methods of operating on cataract.* London 1813.

vorderen Linsenkapsel vorgenommen, ohne dabei je auf die geringste Unannehmlichkeit zu stofsen; ja es sollen dies sogar die Fälle sein, welche ihm seine besten Sehschärfen ergeben haben.[1]

FÖRSTER hat versucht, die Reifung der Katarakt auf eine noch schonendere Weise herbeizuführen, d. h. durch Massage der Linse, ohne weder diese noch deren Kapsel zu verletzen.[2]

Wie man weifs, verband der Verfasser sein Verfahren mit einer Iridektomie. Selbstverständlich ist die Massage der Linse auch möglich, ohne dabei ein Stück Iris auszuschneiden; es genügt, durch eine einfache Parazentese die vordere Kammer zu entleeren und die Linse mit der Hornhaut in Berührung zu bringen.[3] Die Massage wird durch die Kornea hindurch entweder nur mit dem Lid, oder mit Hilfe eines stumpfen Instrumentes (Muskelhacken, Kautschuklöffel etc.) ausgeführt.

DE VINCENTIIS[4] rät, die Massage in zentrifugaler Richtung vom Zentrum der Linse nach der Peripherie hin vorzunehmen.

MOOREN[5] verbindet zur künstlichen Reifung des Stares beide Verfahren, die Kapselpunktion und die Massage. Ohne die Linsensubstanz zu verletzen, öffnet er zuerst die Kapsel mit einem GRÄFEschen Messer, das er in schiefer Richtung einführt, und läfst hierauf die Massage durch die geschlossenen Lider hindurch folgen. »Auf diese Weise«, fügt der Autor

---

[1] STEFFAN, *Arch. f. Ophth.* XXXV. 2. 1888.

[2] FÖRSTER, *Über künstliche Reifung des Stares*. KNAPP und SCHWEIGGER, *Arch. f. Augenheilkunde.* XII. C., p. 3 und *Zehenders Klin. Monatsbl.*, Beilagsheft 1881, p. 133.

[3] E. MEYER. Kongrefs in Kopenhagen. 1884.

[4] Siehe die sehr interessante und vollständige Arbeit, die ANTONELLI, Schüler von DE VINCENTIIS, im Jahr 1890 in Neapel über die »*Maturazione artificiale della Cataracta*« veröffentlicht hat.

[5] MOOREN. *Fünf Lu tren ophthalmologischer Wirksamkeit.* Düsseldorf 1882.

bei, »löst sich die Verbindung zwischen Kapsel und Linse genügend, um die Extraktion der Katarakt nach 5 bis 8 Tagen vornehmen zu können.« Er behandelt auf diese Weise alle Formen von Zonularkatarakt und rühmt die Methode sehr.

Wir haben jedesmal, wenn die Maturation durch das Interesse des Kranken geboten scheint, zu dem FÖRSTERschen Verfahren mit Beibehaltung der Iridektomie Zuflucht genommen. Hat es auch nicht in allen Fällen den gewünschten Erfolg, so hilft es doch oft und ist, vorsichtig angewendet, gefahrlos. Allerdings muss man sehr darauf achten, beim Massieren der Katarakt die Iris nicht zu quetschen, sonst läuft man Gefahr, eine traumatische Iritis hervorzurufen.

Manche Kollegen nehmen aus diesem Grunde die Massage nicht durch die Kornea hindurch, sondern mittelst eines Spatels direkt auf der Linse selbst vor.[1]

Der Schnitt. Wenden wir uns zu der Schnittführung bei der Extraktion, so begegnen wir wenig Meinungsverschiedenheiten. Das einst so reiche Arsenal von Kataraktmessern hat sich bedeutend vereinfacht, der Kornealzirkel ist in Vergessenheit geraten, und die endlosen Erörterungen über Form, Lage und Dimensionen des Lappens in Millimetern oder Graden sind ziemlich verlassen. Sie waren anscheinend so hochwissenschaftlich, so mathematisch genau, diese Angaben, — wir haben doch vor nicht allzulanger Zeit die Breite des Schnittes noch bis auf ein Vierzehntel des Hornhautumfanges definieren hören! — und im Grunde doch so wenig ersprießlich. Erinnern wir uns nur, wie wenig der Dicke der dabei in Betracht kommenden Membranen Rechnung getragen wurde.

Man hält sich jetzt an den ebenso einfachen als richtigen Grundsatz, den Schnitt dem Stare anzupassen, und denselben eher zu groß als zu klein ausfallen zu lassen. Die Antisepsis hat auch in dieser Hinsicht unsere Operation bedeutend vereinfacht. Dank derselben brauchen wir mit der Eröffnung des

---

[1] BORNE BETTMANN, M. D. A new operation for the speedy ripening of immature cataracts. *Medical Soc.* Chicago, March 1892.

Augapfels nicht mehr so sparsam zu sein, wie zu der Zeit, da jeder Millimeter der Wundweite die Gefahr der Infektion um ebensoviel erhöhte.

Die weitaus gröfste Zahl der Kollegen führen den Schnitt mit VON GRÄFEs klassischem Linearmesser aus. VON WECKER[1] bedient sich eines noch schmäleren. Wenige nur, wie INOUYE, SCHWEIGGER, STEFFAN, V. ZEHENDER, ziehen eine breitere, mehr oder weniger dreieckige Klinge vor. A. WEBER ist seiner ingeniösen Hohllanze treu geblieben, die auch an Herrn STIMMEL einen eifrigen Anhänger gefunden hat.[2]

Theoretisch giebt das alte Lappenmesser einen reineren Schnitt. Seine richtige Führung aber erfordert eine ganz besonders sichere Hand, und einer solchen gelingt auch mit dem Schmalmesser eine regelrechte Wunde.

Das letztere aber hat vor dem BEERschen den grofsen Vorteil, dafs die verschiedenen Phasen der Schnittführung: Einstich, Ausstich und Schnitt, nacheinander ausgeführt werden, während mit dem dreieckigen Messer mindestens ein Teil des Schnittes zugleich mit dem Ausstiche zur Ausführung kommt. Der Operateur mufs also seine Aufmerksamkeit jedenfalls auf zwei Punkte gleichzeitig richten.

Das so feine und elegante GRÄFEsche Messer läfst sich überdies in so mannigfacher Weise verwenden, dafs es in der Hand mancher Kollegen Lanze, Kystitom und Discissionsnadel, ja sogar den Löffel zur Herausbeförderung des Stares ersetzt.

Was den Ort des Schnittes anbelangt, so verlegen ihn die meisten Operateure in den oberen Hornhautrand; wir kennen nur A. GRÄFE, SCHWEIGGER, STEFFAN, WALDHAUER, die das untere Segment der Hornhaut zur Extraktion vorziehen.

Letztere Methode bietet den Vorteil aufserordentlicher Leichtigkeit und Einfachheit in der Ausführung. Da das

---

[1] v. WECKER, Ann. d'oc. 1884, p. 219, und DE WECKER et LANDOLT, Traité complet d'ophtalmologie. T. II. p. 1006. 1886.

[2] STIMMEL, Internat. Kongrefs f. Augenheilk. Heidelberg 1888.

Auge instinktiv nach oben ausweicht, so brauchen wir dasselbe nur bis zum Ausstiche zu fixieren. Von diesem Augenblicke an bleibt es nicht nur von selbst in der gewünschten Lage, sondern seine Flucht hilft sogar allen unseren Manipulationen. Aus derselben Ursache wird auch der so lästige, oft sogar gefährliche Blepharostat überflüssig und die Operation geradezu schmerzlos.

Dies war auch der Grund, warum wir dieselbe seiner Zeit mit Vorliebe ausführten. Unsere damalige Methode war eigentlich nichts anderes, als die alte Lappenextraktion ohne Iridektomie, ausgeführt mit dem VON GRÄFEschen Messer. Lider und Bulbus wurden dabei mit zwei Fingern der linken Hand fixiert. Die Methode verdiente, wie man sieht, reichlich den Namen der einfachen. Doch, abgesehen von der Gefahr des Irisvorfalles, von der wir später noch werden zu sprechen haben, schien uns auf diese Weise die Wunde der Infektion mehr ausgesetzt, weil sie mit der von den Lidrändern gebildete Rinne zusammenfällt, als wenn sie von dem oberen Lide bedeckt ist. Aufserdem bemerkten wir nicht selten eine etwas mangelhafte Koaptation der Wundränder, die dem von dem unteren Lide auf den entsprechenden Teil der Wunde ausgeübten Druck zuzuschreiben war. Endlich fanden wir auch einen Nachteil der Methode in dem sehr häufigen Falle, wo eine Iridektomie notwendig wird. Wir fürchteten die aus dem in der Lidspalte liegenden Kolobome hervorgehende Blendung. — Die hohe Kompetenz der Kollegen, welche seit Jahren Tausende von Augen nach unten extrahieren, ist übrigens die beste Bürgschaft dafür, dafs die Nachteile dieser Methode nicht sehr grofs sind, namentlich nicht im Vergleiche mit ihren Vorteilen. Wir werden auch nicht anstehen, uns derselben zu bedienen, wenn aus irgend welchem Grunde der Angriff des Auges von oben her erschwert erscheinen sollte.

Sei es, dafs sie nach oben oder nach unten operieren, so bietet für die grofse Mehrzahl der Kollegen der *Limbus corneae* die günstigste Lage für die Wunde. Es ist in dieser Hinsicht nicht uninteressant, zu erfahren, dafs manche von ihnen, wie BRONNER, CHODIN, DEUTSCHMANN, VON HIPPEL, SAMELSON, TACKE u. A., erst seit Einführung der Antisepsis gewagt haben, den Schnitt in das eigentliche Kornealgewebe zu verlegen. Wir erinnern uns in der That gar wohl noch der Zeit, da man dasselbe als ganz besonders zur Eiterung geneigt betrachtete. Glücklicherweise fällt diese Sorge für uns weg, und haben wir uns nur noch um die anderen Umstände zu bekümmern, welche die Lage der Wunde beeinflussen können. Bei grofsem, hartem Star mit kleiner Hornhaut, werden wir uns der Sklera nähern, um ohne allzugrofse Höhe des Lappens eine ausgiebige Wunde zu erhalten. Haben wir Ursache, den Vorfall des Glaskörpers zu fürchten, so werden wir den Schnitt innerhalb der Grenzen der Hornhaut verlegen.

Bekanntlich war bei der Einführung der Linearextraktion VON GRÄFEs leitender Gedanke derjenige, die Wunde möglichst einem Meridiane des Auges zu nähern, dadurch ihr Klaffen zu verhindern und rascheste Vernarbung zu erzielen. PANAS schlägt, um zu demselben Ziele zu gelangen, gerade den entgegengesetzten Weg ein: er führt das Messer so schief als möglich durch die Gewebe, erhält auf diese Weise sehr breite Wundflächen, denen er eine besonders kräftige Heiltendenz zuschreibt.

Es scheint mir, dafs auch hier der Mittelweg der richtige ist. VON GRÄFE hat wohlverstanden niemals behauptet, mit seiner Methode einen rein linearen Schnitt zu erhalten. Im Gegenteil gab die sehr sklerale Lage des Ein- und Ausstiches, den seine Methode erforderte, an diesen Stellen zu einer derartigen Breite der Wunde Veranlassung, dafs es häufig schwer war, die Iris und Kapsel, ja sogar Starreste daraus zu entfernen. Die verzogenen Pupillen, Iriseinklemmungen und Hernien mit ihren Folgen, die nur zu oft die Operationen selbst geübter Meister entstellen, ja sogar ihres Erfolges berauben, werden immer vor zu flachen Schnitten warnen. Schon während der Operation sind ja alle Manipulationen in der vorderen Kammer, Ausschneiden und Ausbreiten der Iris,

Kapscleröffnung und Entbindung der Katarakt mit ihren Resten, um so schwieriger, je flacher die Wunde, je breiter der Wundkanal ist.

Dieser Vorwurf trifft auch den Konjunktivallappen, über dessen Nutzen die Kollegen noch lange nicht einig sind. Während ihn die einen als ein Hindernis bei der Operation, einen Schlupfwinkel für Starreste und Infektionskeime betrachten[1], erscheint er den anderen umgekehrt als ein schützender Schild gegen die Infektion.[2]

Was mich anbelangt, so halte ich den Konjunktivallappen eher für eine Komplikation der Operation und suche ihn nicht; erhalte ich aber einen solchen in Fällen, wo ich meinen Schnitt aus irgend welchem Grunde der Sklera genähert habe, so fürchte ich ihn auch nicht. Es liegt ja nur an uns, denselben durch Aufrichten des Messers beim Ausschnitte in gehörigen Schranken zu halten. Andererseits benimmt eine sorgfältige Auswaschung des Auges, unterstützt von der Reinigung mit dem Spatel, den man unter dem Lappen durchführt, dem letzteren wohl seine Infektionsgefahr.

Alle diese Betrachtungen haben überhaupt nur mehr eine untergeordnete Bedeutung zu einer Zeit, da uns Antisepsis und Asepsis so rasche und reine Wundheilung gewähren.

Nicht ganz so verhält es sich mit der Iridektomie, welche viele Fachgenossen als einen unerläfslichen Teil der Staroperation betrachten,[3] während sie die anderen als eine

---

[1] LAQUEUR, Ann. d'oc. 1892, p. 78.

[2] KNAPP, Internat. Kongrefs in Heidelberg 1888, p. 164. — MANOLESCU, Persönl. Mitteilung. — SNELLEN, Ann. d'oc. 1892, p. 75.

[3] »I am strongly in favour of combining iridectomy with the extraction.«
Argyll Robertson.

»Je considère l'iridectomie comme indispensable pour assurer le succès durable d'une extraction de cataracte. D'après les cas d'extraction sans iridectomie de ma statistique et d'après ceux que j'ai vus venant de confrères, je crois que l'extraction sans iridectomie prédispose non seulement à la

unnutze, ja sogar gefährliche Verstummelung des Auges verurteilen.¹

Die Frage nach der Indikation eines Irisausschnittes bei der Staroperation hat die Augenärzte schon seit vielen Jahrzehnten beschäftigt, scheint jedoch heute weniger als je zum Austrage gekommen zu sein. Ich habe über diesen Gegenstand viel nachgedacht, habe mit und ohne Iridektomie operiert, mich durch meine eigene sowohl als durch die Erfahrung der Kollegen darüber zu belehren gesucht, und bin überzeugt, dafs wir, trotz der heute anscheinend noch so grofsen Meinungs-

---

cataracte secondaire, mais aussi à l'irido-choroïdite chronique, deux affections qui nuisent gravement au résultat ultérieur de l'extraction.« *Eperon.*

»Ich halte die kombinierte Extraktionsmethode für die sicherere.«
Fuchs.

»Ich halte in allen Fällen an der Iridektomie fest.« *v. Hippel.*

»Ich halte bis jetzt an der Iridektomie fest, weil mir die Entleerung der Starreste dadurch erleichtert scheint, und besonders, weil ich das wegen der Verhütung des Irisprolapses bei der einfachen Extraktion strengere Regime der Operierten für einen Rückschritt halte.« *Manz.*

Siehe auch CRITCHETT, *Ann. d'oc.* 1892. p. 79. — HANSEN GRUT, *Ann. d'oc.* 1892. p. 77. — LAQUEUR, *Ann. d'oc.* 1892. p. 78. — SECONDI, *Ann. d'oc.* 1892. p. 80 und die Citationen der folgenden Seiten dieses Artikels.

¹ »Actuellement je ne pratique l'iridectomie qu'exceptionellement et les rares enclavements de l'iris en masse que j'ai observés n'ont pas empêché apres 4 à 6 semaines d'avoir et de conserver de bonnes acuités visuelles.«
Bravais.

Prof. WILLIAMS in Boston schreibt uns: »I have long ago abandoned iridectomy in extractions« ..... fügt aber hinzu: »The use of cocaine increases the facility of placing a minute suture of the corneal incision, suture which I was the first to describe and to recommend in the Vol. VI. *of the R. ophth. Hosp.* Reports in 1867.«

Vergl. auch PANAS. *Comm. faite à l'académie de méd. de Paris.* 1885. — GALEZOWSKI. *Société franç. d'ophtalmologie* 1887. Sodann die Mitteilungen von GAYET, KNAPP, SCHWEIGGER, v. WECKER am Heidelberger Kongresse 1888. — HIRSCHBERG in *Centralbl. f. Augenheilk.* 1889, p. 264. — SNELLEN, *Ann. d'oc.* 1892. p. 75. — v. WECKER heifst sich mit Recht »un des plus ardents défenseurs de l'extraction simple«. *Arch. d'opht.* 1892, p. 350. — Am Kongresse der Augenärzte in Palermo (1892) hat auch SBORDONE das Verlassen der Iridektomie bei der Starextraktion befürwortet; ist aber allerdings auf den fast einstimmigen Widerstand unserer italienischen Kollegen gestofsen.

verschiedenheit, uns doch verständigen werden, wenn wir es
am guten Willen nicht fehlen lassen.[1]

In erster Linie müssen wir aber, um ins klare zu
kommen, uns über die Definition einigen. In dieser Hinsicht
wird gerade in der Frage, die wir vor uns haben, viel ge-
sündigt. So haben wir häufig bemerkt, dafs manche von den
feurigsten Verteidigern der einfachen Extraktion doch gar
nicht so selten mit Iridektomie extrahieren. Fragt man dann
nach dem Grunde dieses Abgehens von der Regel, so heifst
es, das sei ganz etwas anderes, diese Katarakten seien mehr
oder weniger kompliziert, und die klassische Extraktion eigne
sich eben nur zu den wahren und ächten, den reinen, den
klassischen Staren u. s. w. Auf diese Weise könnte man in
Ewigkeit diskutieren, denn die guten Katarakte lassen sich
mit jeder vernünftigen Methode leicht operieren. Wenn wir
aber in dieser rein praktischen Abhandlung von der Starextraktion sprechen, so thun wir es in der Absicht, all den
bei uns Hilfesuchenden gerecht zu werden, und verstehen
darunter eben alle Katarakten, die bei Erwachsenen vor
kommen, die günstigen, wie die ungünstigen, ja ganz besonders
die ungünstigen Fälle.

Sind wir einmal darüber einig, so glaube ich, wenig
Widerspruch zu finden, wenn ich erkläre, dafs die Extraktion
nie leichter, angenehmer, ja geradezu verführerischer ist, als
an einem Auge, an dem früher einmal eine Iridektomie
gemacht worden ist. Das Kolobom zeigt uns die Linse
bis zum Äquator, so dafs wir uns über die Natur, die Dimensionen, die Reife der Katarakt genaue Rechenschaft zu geben
vermögen.

In diesem weiten Pupillargebiete läfst sich jedes Kystitom
leicht und ungehindert führen. Halten wir uns zum Haken

---

[1] Mit Recht sagt HIRSCHBERG (*Centralblatt* 1889, p. 264): »Vor allem
aber darf man auf einem so praktischen Gebiete wie dasjenige der Staroperation nicht mit blinder Leidenschaft streiten, wie um Glaubenssätze«,
und später: »Nichts ist schädlicher auf diesem Gebiete als Übertreibungen.«

oder zur Fliete, so übersehen wir sofort den Kapselrifs und können ihn im Notfalle mit Leichtigkeit erweitern. Ziehen wir die Kapselpinzette vor, so riskieren wir nicht, damit die Iris zu fassen

Da wir aufserdem den Äquator der Linse immer vor uns haben, sind wir stets über deren Lage orientiert und gegen die Gefahr der Luxation geschützt. Wir können die derselben zur Entbindung mitgeteilten Bewegungen leicht überwachen und dieselbe nach Bedürfnis langsamer vor sich gehen lassen.

Sollte aus irgend welchem Grunde die künstliche Entbindung nötig werden, so können wir dieselbe bei Zeiten und unter den günstigsten Umständen vollziehen.

Hat der Star das Auge verlassen, so bietet die Entfernung der Kortikalreste keine grofse Schwierigkeit. Wir sehen sie vor allen Dingen klar vor uns, und das ist die erste Bedingung, wenn wir uns derselben vollkommen entledigen wollen.

Sodann finden sie in den Falten der vorgefallenen Iris keine Schlupfwinkel, kein Hindernis zum Austritte, wie dies oft genug der Fall ist, wenn kein Kolobom besteht.[1] Aufser-

---

[1] »L'iridectomie procure une grande facilité pour l'extraction de la capsule et lorsqu'on ne réussit pas à extraire des parties de la capsule, elle permet de faire une discision très-étendue et très-exacte.

Elle permet en outre de surveiller l'expulsion des masses corticales.«

Tacke.

»Die Iridektomie halte ich (abgeschen von der gröfseren Garantie vor Iriseinklemmungen und -Prolapsen) hauptsächlich deshalb für zweckmäfsig, weil bei ihr die Möglichkeit einer gründlichen Reinigung des Pupillargebietes von übrigbleibenden Starresten in gröfserem Mafsstabe gegeben ist und dadurch die Möglichkeit der Bildung eines Nachstars sehr wesentlich herabgesetzt wird. Auf 130 Extraktionen habe ich höchstens 4 Discissionen gemacht.«

Neese (Kiew.)

»L'iridectomie est très-utile à l'expulsion prompte et complète de la cataracte et aussi pour prévenir ou mitiger les dangers de processus inflammatoires qui suivent quelquefois l'opération la mieux exécutée.«

De Vincentiis.

dem wird die Iris weder beim Durchtreten der Linse, noch durch die zur Reinigung des Pupillargebietes nötigen Manipulationen gequetscht und gereizt.

Endlich, und das ist ein Hauptpunkt, haben wir die Einklemmung dieser Membran nicht zu befürchten. Wir können den Patienten ruhig verlassen, ihm, was Verband, Lage und Lebensweise überhaupt anbelangt, sehr viel Freiheit geben.

Wir brauchen namentlich das Auge nicht allzufrüh zu untersuchen, was doch diejenigen thun, welche uns erklären, dafs sie einen Irisvorfall am zweiten Tage entweder reponieren oder abkappen. Diese Inspektion des Auges allein ist schon ein mifsliches Ding, und zu einer raschen und glatten Heilung wenig geeignet. Noch mifslicher ist das Belassen einer Iriseinklemmung, auf deren wohlbekannte und trotz der Antisepsis noch bestehende Gefahren wir später noch zurückkommen werden.

Sollten andererseits noch einige Kortikalreste zurückgeblieben sein, so haben dieselben in unserem Falle keine grofse Bedeutung. Bei der durch das Kolobom beträchtlich erweiterten Pupille kommen sie kaum mit der Iris in Berührung, und resorbieren sich ohne eine Entzündung hervorzurufen. Ist die Resorption keine vollständige, so findet sich doch gewöhnlich in dem weiten Pupillargebiete eine freie Stelle, die gutes Sehvermögen gestattet.

Im Falle, dafs später doch noch eine Nachoperation nötig würde, so bietet auch für sie die vorbestehende Iridektomie einen aufserordentlichen Vorteil.

Ist dem also, so sollte man denken, dafs einer Methode, welche eine so genaue Diagnose der Katarakt gestattet, die Operation in jeder Hinsicht erleichtert, die Nachbehandlung vereinfacht und uns vor den mifslichen Folgen dieser sonst so segensreichen Operation behütet, unzweifelhaft der Vorzug gebühre, und die Iridektomie einen unerläfslichen Teil der Kataraktextraktion bilden müsse.

Wir durfen aber nicht vergessen, dafs wir von einem schon bestehenden Kolobome gesprochen haben. Eine Iridektomie, die wir zugleich mit der Extraktion ausführen, hat neben grofsen Vorteilen auch Nachteile, welche einer vorausgeschickten Iridektomie nicht anhaften. Sie verlängert einmal die Operation, macht sie wohl auch etwas schmerzhaft, und kompliziert sie oft in sehr unangenehmer Weise. Diese Komplikation finden wir hauptsächlich in der Blutung, welche das Operationsgebiet zu verdunkeln, die Kapseleröffnung und alle folgenden Manipulationen nicht unwesentlich zu erschweren im stande ist.

Das Blut läfst sich allerdings fast immer leicht aus der vorderen Kammer entfernen. Es kommen aber doch Fälle vor, wo es sich in so hartnäckiger Weise wieder erneuert, dafs die Operation dadurch eine Dauer annimmt, die an und für sich schon mifslich ist, abgesehen von den zur Herausschaffung des Blutes nötigen Manipulationen.[1]

Da wir, offen gestanden, nicht gerne im Halbdunkel operieren, sondern uns, namentlich in einem so wichtigen Momente, wie die Kapsulotomie, von unserem Handeln genaue Rechenschaft zu geben wünschen, so haben wir versucht, der durch die Hämorrhagie entstehenden Störung dadurch zu entgehen, dafs wir die Iris erst nach Eröffnung der Kapsel ausschnitten. Dies thun wir namentlich in Fällen von halb durchscheinenden Staren, wo die geringste Quantität Blut schon genügt, das Pupillargebiet zu verdunkeln.

Man hat geltend gemacht, die Iridektomie kompliziere die Staroperation durch ein Trauma der Iris. Dieser Einwand ist aber nicht stichhaltig, denn die Väter haben schon konstatiert, dafs ein Schnitt weniger gefährlich ist, als eine Kontusion, und sind gerade der Iriskontusion durch deren Exzision aus

---

[1] Es hat uns oft scheinen wollen, als ob unter dem Gebrauche des Kokains diese Blutungen reichlicher und hartnäckiger seien als früher. Auch ANAGNOSTAKIS hat diese Thatsache konstatiert und schreibt sie dem Kokain zu. Es ist das mit ein Grund, warum wir dieses Anaestheticum möglichst mäfsig anwenden.

dem Wege gegangen. Die Antisepsis hat dieses Verhältnis nicht umgekehrt.

Dagegen hat man der Iridektomie vorgeworfen, dafs sie Einklemmungen der Iris, ja selbst der Kapsel zur Folge haben könne.[1] Dies ist auch richtig, läfst sich aber, wie wir sehen werden, leicht vermeiden. Jedenfalls werden wir bald einer Operationsmethode begegnen, bei welcher Einklemmung, ja Vorfall der Iris viel häufiger und viel schwieriger zu umgehen ist.

Wie dem auch sei, die der Iridektomie zweifellos anhaftenden Nachteile, der bestechende Anblick eines ohne Iridektomie glücklich operierten Auges, nicht zum mindesten aber auch die grofse Leichtigkeit der Ausführung, haben denn bei einer grofsen Zahl von Fachgenossen die sogenannte einfache Extraktion, d. h. die Staroperation ohne Iridektomie wieder als Regel in Aufnahme gebracht.

Es ist in der That schwer, dem Zauber einer so einfachen, so rasch und leicht auszuführenden Methode zu entgehen, um so mehr, als sie aufserdem ein wahrhaft ideales Resultat verspricht, die Wiederherstellung der Sehkraft mit einfacher Entfernung des Corpus delicti, ohne merkliche Entstellung des Auges, Sehen ohne Störung des Aussehens.

Ideal ist das Resultat dieser Operationsmethode denn auch besonders in kosmetischer Hinsicht.

---

[1] »Sur 500 opérations faites consécutivement avec iridectomie, je n'ai eu à relever qu'une seule fois un prolapsus de l'iris.« *Tacke.*

Übersehen wir auch nicht, was BECKER selbst betreffs seiner zu Gunsten der einfachen Extraktion so oft zitierten Entdeckung gesagt hat:

»Meine Untersuchungen sind angestellt zu einer Zeit, wo wir alle ausnahmslos mit Iridektomie operiert haben, so dafs ich glaube, nicht fehl zu gehen, wenn ich sage, es sind vielleicht 2 oder 3 von den Augen, die ich untersucht hatte, ohne Iridektomie und, wenn ich nicht irre, etwa 20 mit Iridektomie operiert gewesen. Der Sinn meiner Worte sollte damals sein, und den halte ich fest, dafs es überhaupt sehr selten ist, dafs nicht Anheilungen und Adhäsionen mit der Iris vorkommen, aber einen Schlufs auf die Vorzüglichkeit der Operation ohne Iridektomie gegenüber der Operation mit Iridektomie, glaube ich, darf man aus dieser meiner Bemerkung nicht ziehen.« *O. Becker,* Heidelberger Kongrefs 1888, p. 176.

Ist aber der kosmetische Standpunkt gerechtfertigt, wenn es sich um ein so wichtiges Unternehmen handelt, wie dasjenige einen Blinden sehend zu machen? — Wir glauben es nicht. Jedenfalls dürfen wir demselben nur eine höchst untergeordnete Bedeutung beimessen. Die Häfslichkeit eines mit einem oberen Kolobome versehenen Auges darf übrigens auch nicht übertrieben werden. Sind wir doch, wenn wir so einen alten Operierten vor uns haben, meistens genötigt, erst sein oberes Lid in die Höhe zu heben, ehe wir wissen, ob wir ihn seiner Zeit mit oder ohne Iridektomie extrahiert haben. Nun, ein Makel, der erst offenbar wird, wenn wir jemandem das obere Lid heben, kann denselben doch offenbar nicht wesentlich entstellen, namentlich wenn der Betreffende auch noch eine Starbrille trägt.[1]

Aus demselben Grunde läfst uns auch der Vorwurf der angeblich durch das Kolobom hervorgerufenen Blendung sehr kühl. Die vom oberen Lide bedeckte Lücke in der Iris kann doch offenbar nicht viel Lichtzutritt gestatten, wenn es ihr Träger nicht wünscht. Jedenfalls habe ich noch keinen so Operierten darüber klagen hören, und ich gehe beim Ausschneiden der Iris, wie wir noch sehen werden, durchaus nicht sparsam zu Werke. Ja sogar ein Kolobom in der Lidspalte scheint wenig zu Blendungserscheinungen Veranlassung zu geben. Wie wäre es sonst möglich, dafs so bewährte und vielbeschäftigte Chirurgen wie A. GRÄFE und STEFFAN seit so vielen Jahren diese Methode fast ausschliefslich geübt hätten?[2]

---

[1] »Ich begreife die Kollegen nicht die aus kosmetischen Gründen einen so grofsen Wert auf eine runde Pupille legen...... Solange ich praktiziere, hat noch kein Patient an mich die Forderung gestellt, ihn so zu operieren, dafs ihm ja seine runde Pupille erhalten bleibe. »Sehen« will der Patient wieder, ob seine Pupille dabei eine runde oder Schlüssellochform hat, ist ihm gleichgültig und mir als praktischem Augenarzte desgleichen.« *Steffan*, Archiv für Augenheilk. XXXV. 2, p. 183.

[2] »Nie hat sich ein Kranker bei mir über Blendung beklagt, und ich operiere doch nach unten.« *Steffan*, l. c. p. 184.

Man hat andererseits den Aphakischen mit runder Pupille eine bessere Sehschärfe, wohl auch eine Art Akkommodationsvermögen nachgerühmt; ja wir haben an einem Ophthalmologenkongresse sogar versichern hören, sie seien frei von jeglichem Astigmatismus. Es ist wohl kaum nötig, Behauptungen wie die letztere zu widerlegen. Sie beweisen nur, wie sehr man Angaben gegenüber auf der Hut sein mufs, die man nicht kontrollieren kann, wenn bei so leicht kontrollierbaren in solche Weise übertrieben wird.

Das Akkomodationsvermögen linsenloser Augen existiert auch nicht. DONDERS hat dies seiner Zeit zur Genüge bewiesen. Das relativ deutliche Sehen auf verschiedene Distanzen, dessen Aphakische fähig sind, ist, wie auch aus Herrn FRITZ SCHANZs Untersuchungen hervorgeht, eine stenopaeische Erscheinung.[3] Die Netzhautbilder sind bekanntermafsen um so deutlicher, je kleiner die Pupille ist. Das „Sehloch" ist bei vielen Staroperierten aber nicht die Öffnung in der Iris, sondern die in der Kapsel. Die erstere kann auch wieder mit Hülfe des Lides leicht auf das gewünschte Mafs reduziert werden, ein Kunstgriff, den die Ametropen aller Art seit undenklichen Zeiten ganz von selbst entdeckt und geübt haben.

Die Sehschärfe betreffend, hat sich Professor GAYET in Lyon die Mühe gegeben, für uns eine Statistik anzulegen von 195 durch ihn im Jahre 1880 mit, und 195 im Jahre 1890 ohne Iridektomie operierten Katarakten. Die mittlere Sehschärfe ist in beiden Fällen $1/8$ der normalen, also absolut die gleiche. Ich bemerke dabei, dafs die Sehschärfe gewöhnlich schon am zwölften oder vierzehnten Tage nach der Operation gemessen wurde. Sie ist ja ohne Zweifel in der Folge noch bedeutend gestiegen, doch ist diese Zunahme wohl in beiden Fällen die gleiche.

Andere Beobachter, wie z. B. FUCHS, A. GRÄFE, HAAB, VON HIPPEL, SAMELSOHN, SCHIESS, SWANZY, MANZ,

---

[3] FRITZ SCHANZ, *Verhandl. der Gesellsch. Deutscher Naturforscher und Ärzte.* Halle 1891.

MEYER, und auch wir selbst haben dieselbe Erfahrung gemacht. Bedenken wir, dafs gewöhnlich die einfache Extraktion hauptsächlich, wenn nicht ausschliefslich, für die günstigen Fälle reserviert wird, während all' die anderen mit Iridektomie operiert werden, so gewinnt dies Resultat für die kombinierte Methode eine noch viel günstigere Bedeutung.

Das Argument, dafs die Extraktion ohne Iridektomie eine bessere Sehschärfe gewähre, als die mit Iridektomie, fällt also auch dahin.

In einer Frage wie die unsrige haben übrigens theoretische Spekulationen, wie die Berechnung von Zerstreuungskreisen, von Netzhautbildgröfse u. s. w., wobei der Einflufs der Narbe auf die Hornhautkrümmung und der der Kapsel- und Starreste auf die Diffusion der Lichtstrahlen einfach vernachlässigt wird, einen sehr zweifelhaften Wert. Die Erfahrung und nicht die Theorie mufs hierbei entscheiden und hat es denn auch in ebenso einfacher als unumstöfslicher Weise gethan.[1]

Allerdings läfst das Resultat der Statistik, nach welcher die mittlere Sehschärfe für beide Operationsmethoden dieselbe ist, mehr als eine Deutung zu. Ist es richtig, wie wir das schon mehrfach haben behaupten hören, dafs die einfache Extraktion häufig ganz besonders gute Sehschärfe ergiebt, so würde daraus folgen, dafs in gleich vielen anderen, ebenso operierten Fällen die Sehschärfe ganz besonders schlecht sei. Vortrefflich in

---

[1] »Für einen Staroperierten, der beim Fernsehen seine Linse in Form eines bikonvexen Brillenglases von $3^{1}/_{2}-4''$ Brennweite eine Strecke weit vor seiner Pupille trägt, bietet eine Pupillenvergröfserung gar keinen Nachteil für eine Orientierung, eher liefse sich wohl das Gegenteil annehmen. Das hat bereits BERLIN in Heidelberg 1869 in seinem Vortrage: »Über den Einflufs starker Konvexgläser auf das exzentrische Sehen« des näheren ausgeführt und bewiesen.« *Steffan*, l. e.

»I always perform a narrow iridectomy above, because it protects of most iris prolapse while it causes no disfigurement, nor lowering of vision nor does it affect the power of orientation nor the mobility of the pupil.«
Swanzy.

»I think that the optical disadvantages of a coloboma have been unduly magnified.« *Sprague*.

günstigen Fällen, wäre die Methode in ungunstigen gerade das Gegenteil.

Die kombinierte Methode ist übrigens weit entfernt, das Maximum der zu gewinnenden Sehschärfe auszuschliefsen. Wir haben mit derselben V = 1, ja sogar 1.25 erhalten.

In der That sind es denn auch andere Gründe, die so viele Kollegen bewogen haben, die Iris bei der Extraktion unversehrt zu lassen. Die Regenbogenhaut soll nach ihnen den Glaskörper zurückhalten, die Kapseleinklemmung verhindern und, bis zu einem gewissen Grade wenigstens das Innere des Auges gegen Infektion schützen.

Was den Glaskörperverlust anbelangt, so möchten wir, obschon wir gerade in dieser Beziehung glücklicherweise wenig Erfahrung haben, denn doch zwei Dinge zu bedenken geben: einmal würde derselbe durch die etwas gröfsere Wunde und den etwas stärkeren Druck auf die Linse, wie sie die einfache Extraktion erheischt, eher begünstigt; sodann scheint es uns, dafs der Glaskörper eher von Zonula und Hyaloidea zurückgehalten werde, als von der Iris. Ist einmal die eine oder die andere geborsten, so findet derselbe wohl trotz der Iris seinen Weg nach aufsen und ist dann nur um so verhängnisvoller. Die Katarakt riskiert, sich in den Bulbusraum zu verirren, und kann nur mit gröfster Mühe aus dem Auge befördert werden, während dies bei vorhandener Iridektomie um so leichter geschieht, als man der drohenden Gefahr bei Zeiten inne wird.

Die Einklemmung der Kapsel läfst sich, wie wir noch sehen werden, auf verschiedene Weise vermeiden. Die Unterdrückung der Infektion aber verdanken wir nicht der Rückkehr zur Lappenextraktion, sondern der Einführung der Antisepsis und Asepsis.

Nach unserem Dafürhalten bestehen die Vorzüge, welche die einfache Extraktion vor der kombinierten besitzt, in der Einfachheit, Leichtigkeit, Geschwindigkeit ihrer Ausführung, in dem geringen Trauma, welche sie dem Auge setzt; doch fügen wir bei: in den Fällen, die sich dazu eignen.

In der That, hier wie überall, ja vielleicht mehr als bei jedem anderen Teile unserer Operation handelt es sich darum, die Methode dem gegebenen Falle anzupassen. Jedes Verfahren wird uns alsdann durch seine Vorteile belohnen, während, wenn wir alle Fälle nach derselben Methode behandeln wollen, wir uns eben den derselben anhängenden Mängeln aussetzen.[1]

So haben wir z. B. gesagt, die einfache Extraktion setze das Auge der Quetschung der Iris, einer schwierigen und

---

[1] »Jedenfalls müssen die Fälle, welche ohne Iridektomie operiert werden können oder sollen, ausgesucht werden, und mufs man individualisieren.«
Brettauer.

»Daraus folgt, dafs diese Operationsmethode (die Extraktion ohne Iridektomie), eben wie jede Operationsmethode, nicht für alle Starformen sich eignet, sondern nur für die reifen Altersstare, und für ganz weiche jugendliche Stare, d. h. für alle, in denen die Kortikalis leicht herausgeht.« LANDOLT, *Centralbl. f. Augenheilk*. 1879, p. 234. Heute füge ich noch bei, dafs auch diese günstigen Stare sich bei weitem nicht alle zur einfachen Extraktion eignen.

»Actuellement la règle, que je suis, est:

1o d'opérer sans iridectomie les cas où la cataracte est mûre et la cornée grande, ce qui permet de faire une incision non périphérique et toutefois assez étendue;

2o d'opérer avec iridectomie les cas où la cornée est petite (car ici l'incision périphérique est obligatoire et les chances d'enclavement de l'iris bien augmentées), de plus les cas où il y a une substance corticale molle ou une cataracte non mûre.« *Dufour*.

»I consider that a definite statement — that iridectomy should — or should be performed — is wrong. Each case should be judged according to its nature.« *Juler*.

»I am thoroughly convinced that there is no method of operation suitable for all cases and I have no confidence in any ones reports that so many hundred extractions have been made without charge or mishap by one method only. I think good judgment in the method of operation is as necessary as the dexterity in making it. — I am not favorable to fads of any kind, and the last one that all extractions should and can be made without iridectomy is all a fallacy, and the reports of so many thus made successively successfully, I am forced to doubt by my experience.«
Keyser (Philadelphia).

»Ich habe mit und ohne Iridektomie operiert. Man mufs sich nach de Starform richten.« *Schmidt-Rimpler*.

Landolt.

unvollständigen Entfernung der Starreste, und dem Irisvorfalle aus.

Diese Gefahren bestehen aber nicht in allen Fällen, wenigstens nicht immer in demselben Mafse. Eine normale, reife, senile Katarakt, die sich leicht von der Kapsel löst, gestattet ja wohl diese so einfache und elegante Operationsmethode. Die weifsen, halb flüssigen Kortikalmassen, die hie und da, nach dem Austritte des Kerns, noch im Auge zurückbleiben, lassen sich leicht und ohne Reizung für die Iris vollständig aus dem Auge entfernen, und die Pupille zieht sich auch ohne Myoticum kräftig zusammen. Der Irisvorfall ist denn auch in solchen Fällen ziemlich selten. Sollte sich aber die Iris nicht spontan zurückziehen, so wäre es immer noch früh genug, sie vor Anlegung des Verbandes auszuschneiden.

Dies scheint uns in der That in diesem Falle viel ratsamer, als sich einem Prolapsus auszusetzen, der selbst in anscheinend vollkommen günstigen Fällen vorkommt, um so mehr in solchen, wo die Regenbogenhaut keine entschiedene Tendenz zum Zurücktreten an den Tag legt.[1]

Einen Irisvorfall am Abend nach der Operation, oder gar erst am folgenden Tage zu reponieren, ist nach unserer Erfahrung eine schlechte Methode. Man reizt nicht nur das Auge und setzt es der Infektionsgefahr aus, sondern der Repositionsversuch schlägt auch gewöhnlich fehl; die Iris fällt wieder vor. Sie mit der Schere abzutragen, gelingt gewöhnlich auch nicht, es liege denn ein grofses Stück aufserhalb des Auges. Besser ist es wohl, man lasse das Auge ruhig unter dem Verbande und zerstöre dann nach vollkommener Heilung der Wunde den Vorfall mit dem Galvano-

---

[1] Das ist auch die Ansicht vieler unserer kompetentesten Kollegen. So schreibt uns z. B. DEUTSCHMANN, dafs sie in jedem Fall von seniler Katarakt so vorgehen, als ob sie ohne Iridektomie operieren wollten. Sie lassen dieselbe jedoch dem Austritte der Linse jedesmal nachfolgen, wenn die Pupille etwas nach oben verzogen bleibt.

kauter. Das Verfahren ist einfach und gründlich und hat aufserdem den Vorteil vollkommener Asepsis.[1]

Prof. PANAS macht in solchen Fällen, nach vollkommener Heilung, die Exzision des Irisvorfalles mit dem v. GRÄFEschen Messer. Die Operation ist nicht nur sehr schmerzhaft, sondern bietet auch die grofse Gefahr bedeutenden Glaskörperverlustes. Unser Pariser Kollege führt dieselbe denn auch nur in tiefer Chloroformnarkose aus. Es ist dies jedenfalls ein kühnes und radikales Verfahren, das denn aber doch die **einfache Extraktion** nicht unwesentlich kompliziert.

Ob wir aber dem Vorfalle mit Feuer oder mit Eisen zu Leibe gehen, so verbleibt doch immer ein Teil der Iris in der Narbe. Die Iriseinklemmung ist und bleibt aber trotz der Antisepsis immer noch eine grofse Gefahr. NUEL hat auch in jüngster Zeit noch Glaukom daraus entstehen sehen. Und indem sie das Uvealgebiet mit der Aufsenwelt in Verbindung bringt, setzt sie das Auge nicht nur der verderblichsten Infektion aus, sondern stellt auch die Bedingung her, in welcher nach SNELLEN[2] die Infektion des anderen Auges, die sympathische Ophthalmie am leichtesten zu stande kommt.

So betrachten wir denn die **einfache Extraktion** höchstens angezeigt bei **einfachen Katarakten**, d. h. bei solchen, die eine glatte und vollkommene Herausbeförderung der Linse und ihrer Reste gestatten, und — bei gesunden, vernünftigen und ruhigen Patienten.

---

[1] Wir haben in dieser Beziehung eine nicht uninteressante Beobachtung gemacht. Sie betrifft einen Arbeiter, der einige Tage nach einem schweren Trauma unsere Klinik aufsuchte. Dasselbe hatte die Horn- und Lederhaut zerrissen, die Linse verletzt und eine intraokuläre Blutung mit Netzhautablösung veranlafst. Iris und Glaskörper lagen in der Wunde. Statt die erstere, was leicht gewesen wäre, abzutragen, beschlossen wir, an diesem verlorenen Auge die Wirkung des Galvanokauters zu versuchen. Wir zerstörten die Iris im Laufe einiger Wochen jedesmal, wenn sie sich in der Wunde zeigte. Die Kauterisationen wurden auf das beste ertragen und führten eine relativ günstige Vernarbung herbei. Selbstverständlich wurde das Auge die ganze Zeit hindurch unter einem antiseptischen Verbande gehalten.

[2] SNELLEN, Internat. Kongrefs f. med. Wissenschaft. London 1881.

In den durchaus nicht seltenen Fällen von unreinen, unreifen oder sonst irgendwie komplizierten Katarakten dagegen hat die Iridektomie ihre grofsen Vorzüge. Sie erleichtert die vollständige Herausbeförderung der Linse, vereinfacht den Heilverlauf und bietet eine Garantie mehr zur Wiederherstellung des Sehvermögens.

Wir dürfen in der That nicht vergessen, dafs unsere Aufgabe durchaus nicht dahin geht, möglichst ideale Resultate zu erzielen auf die Gefahr hin, dabei eine gewisse, wenn auch kleine Zahl Augen zu verlieren, sondern jedem der bei uns Hilfe Suchenden um jeden Preis sein Augenlicht wieder zu geben.

Ein richtiger Schütze steift sich nicht darauf, das Zentrum des Zentrums zu treffen, sondern möglichst viele gute Kugeln zu schiefsen; die ausgezeichneten ergeben sich von selbst.[1]

So ist die Iridektomie jedenfalls angezeigt bei Synechien; ferner da, wo die Katarakt mit einem Traktionsinstrumente entbunden werden mufs, aber auch da, wo die Ätiologie, das Aussehen der Katarakt, ihr Alter, sowie das des Patienten, der Zustand des Auges im allgemeinen u. s. w., einen starken Zusammenhang der Linse mit ihrer Kapsel, eine zähe und schwer zu entfernende Kortikalis erwarten lassen, endlich in all' denjenigen Fällen, wo die zur Verhütung von Irisvorfall erforderliche Ruhe von seiten des Patienten nicht erwartet werden kann.[2]

---

[1] Wir zitieren an dieser Stelle die witzige Bemerkung eines unserer Korrespondenten, des Herrn B., welcher sagt: »Ajoutons entre nous, que la reconnaissance des opérés de cataracte étant en raison inverse de la pureté de l'opération, il ne faut pas chercher l'idéal pour eux, mais seulement la certitude du succès pour nous.«

[2] »Je ne fais l'extraction simple que dans les cas de cataractes séniles complètement mûres avec réaction prompte de la pupille. Et même dans ces cas, ce procédé ne m'a pas donné des résultats meilleurs que l'extraction avec iridectomie.« *Chodin.*

»D'après mes expériences je suis arrivé à la conclusion que les avantages

Wir haben übrigens die Genugthuung, in dieser Hinsicht
mit dem weitaus gröfseren Teile der Kollegen übereinzustimmen,
wie dies aus ihren Veröffentlichungen sowohl als aus ihren uns
zugegangenen Briefen hervorgeht. Sie pflegen in der Mehr-

---

d'une opération sans iridectomie ne peuvent compenser ceux d'une opération
avec iridectomie.« *Desjardins.*

So erklärt auch Herr ENGLEBIENNE: »J'opère sans iridectomie seulement
les cas tout-à-fait favorables.«

...... »Als allgemeine Methode läfst sich jedoch die einfache Extraktion nicht empfehlen, denn solange wir Irisprolaps nicht in allen Fällen ausschliefsen können, ist es gewifs geraten, überall da eine Iridektomie zu machen, wo ein Vorfall nicht unwahrscheinlich ist, d. h. in allen Fällen, wo die Pupille nach Beseitigung aller Reste trotz zweckmäfsiger und wiederholter Reponierungsversuche der Iris nicht vollkommen zentral wird oder bei Bewegungen des Auges und der Lider sich verzieht.«

Knapp, Heidelberger Kongrefs 1888, p. 172.

»Les enclavements de l'iris, les iritis et irido-choroïditis, l'occlusion pupillaire et la cataracte secondaire sont beaucoup plus fréquents après l'extraction simple. Ce procédé exige en outre une tranquillité dont beaucoup d'opérés sont incapables et qui pour un grand nombre est un motif sérieux de redouter l'opération de la cataracte.« *Manolescu.*

»Je conserve l'iridectomie pour les cas d'adhérence ou de rigidité du bord pupillaire, lorsque la pupille, après l'expulsion de la cataracte, ne redevient pas ronde et centrale, lorsqu'il y a tendance au soulèvement du lambeau ou lorsqu'il y a un trouble de la santé générale, qui fait prévoir l'agitation physique du malade.« *E. Meyer,* Ann. d'oc. 1892, p. 239.

»Es wird immer viele Katarakten geben, die, mit Iridektomie operiert, ein besseres Resultat liefern, als wenn sie ohne Iridektomie operiert würden.«
Schiess.

»Pour ce qui regarde l'opération à faire son à propre père, aucune hésitation ne doit subsister, s'il est atteint d'une véritable cataracte sénile et mûre, s'il se trouve dans des conditions hygiéniques telles qu'il puisse garder le repos que réclame pendant quelques jours, . extraction simple, il faut l'opérer sans iridectomie. ...... L'axiome est ici: pour une cataracte simple, une extraction simple.«
de Wecker, Arch. d'opht. 1892, p. 351.

Als ich neulich einem durchreisenden Kollegen einige nach der einfachen Methode operierte Fälle vorstellte, sagte derselbe: »Es ist wirklich schon es ist beinahe zu schön, es ist reiner Luxus!« Ich glaube, er hatte nicht ganz unrecht.

zahl der Fälle mit der Extraktion eine Iridektomie zu verbinden, eben weil sie die letztere Methode für sicherer halten. Bezeichnend scheint mir in dieser Hinsicht die oben schon erwähnte Thatsache zweier vollkommen gleichwertiger Kollegen, von denen der eine, als Vorsteher der Staatsklinik, unter den Katarakten auswählen kann und ohne Iridektomie operiert, während der andere, in dessen Privatanstalt mit Vorliebe schlechte Fälle Zuflucht suchen, dieselbe beibehalten hat.

Ein anderer Kollege, ausgezeichneter Opererateur und Leiter einer der gröfsten Augenheilanstalten der Welt, schreibt mir mit lobenswerter Offenherzigkeit, dafs er im Krankenhause die Extraktion ohne, in der Privatpraxis jedoch mit Iridektomie ausführe.

Manche Kollegen, wie BOBONE, DIANOUX, FOUCHER, HANSEN GRUT, OSIO, STELLWAG VON CARION, sind von der einfachen Extraktion sogar ausschliefslich zu der kombinierten zurückgekehrt.

Es müssen gewifs wichtige Gründe vorhanden sein, wenn wir von zwei Verfahren demjenigen den Vorzug geben, welches nicht allein längere Zeit in Anspruch nimmt, sondern auch schwieriger ist für den Operateur und schmerzhafter für den Patienten. Vernehmen wir dieselben aus dem Munde dreier verehrten und erfahrenen Meister:

Professor HANSEN GRUT sagt:[1]

»J'ai fait pendant presque une année entière l'opération sans iridéctomie le lambeau ayant un peu plus de hauteur et étant un peu moins périphérique. Voici pourquoi j'ai abandonné cette méthode: Je n'ai pas eu une seule perte à déplarer et certainement l'exécution en est beaucoup plus facile; mais: 1° j'ai eu dans pas mal de cas un prolapsus de l'iris après deux ou trois, même après huit jours, et dans ces cas j'ai été obligé d'en faire l'excision, que j'ai exécutée de suite, il faut l'avouer, sans accidents; 2° dans quelques cas la pupille ronde n'a pu être bien dilatée, et une mince cataracte secondaire a quelque peu abaisse le résultat fonctionnel; 3° il faut convenir qu'une pupille ronde n'a que $1/_3$ de la grandeur d'une pupille augmentée du colobome irien. Or, la chance qu'une partie parfaitemement claire se trouve située derrière

---

[1] HANSEN GRUT, Ann. d'oc. 1892, p. 77.

l'iris est deux fois plus grande (dans l'opération sans) que dans l'opération avec iridectomie. De là, la nécessité de faire beaucoup plus souvent la discission de la cataracte secondaire. Ma statistique comparée des opérations coincide très bien avec celle donnée par SCHWEIGGER. Ajoutez encore que le spectre du prolapsus vous hante continuellement, tandis que l'opération avec iridectomie vous permet de dormir tranquille, et vous verrez qu'on a raison de faire l'iridectomie.«

Prof. STELLWAG VON CARION schreibt uns:

»Ich habe den alten Lappenschnitt ohne Iridektomie durch fast 25 Jahre ausschliefslich geübt, mir darin also eine sehr grofse Erfahrung angeeignet, so dafs ich sehr schwer von ihm abgegangen bin, nunmehr aber seit 1869 stets den flachen Bogenschnitt mit breitem Ausschnitte der Iris übe, da ich Vorfälle der Iris sehr fürchten gelernt habe, und weiter, weil ein breiter Irisausschnitt die vollständige Entleerung von Starresten durch das Schlittenmanöver ohne Anwendung von Löffeln und anderen Instrumenten, lediglich unter der Wirkung natürlicher Triebkräfte, ermöglicht.«

Und Professor SATTLER:

»Dafs die Extraktion mit Bogenschnitt ganz in der durchsichtigen Kornea ohne Iridektomie eine geradezu ideale Operation ist, die, gut ausgeführt, eine der elegantesten Operationen in der ganzen operativen Chirurgie darstellt, kann gar nicht zweifelhaft sein. Ich bin immer wieder von neuem in sie verliebt, so oft ich sie mache. Die Operation bietet — in geeigneten Fällen ausgeführt — keinerlei Schwierigkeiten und ist in wenig Minuten vollendet. Leider aber sind wir sehr vom Verhalten des Patienten abhängig, und die schönsten unmittelbaren Resultate werden durch Irisanlagerung, wenn nicht gar prolapsus iridis, getrübt....... Ich mache daher in der überwiegenden Mehrzahl der Fälle die Extraktion am Rande der Kornea mit flachem Bogen nach oben mit kleiner exakter Iridektomie und Herausreifsung eines möglichst grofsen Stückes der vorderen Kapsel.«

II.

Wir haben im vorhergehenden das Für und Gegen der kombinierten sowohl als der einfachen Extraktion erwogen und sind zu dem Schlusse gekommen, dafs, wenn auch der erstern unzweifelhafte Nachteile anhaften, diejenigen der letzteren meistenteils doch erheblicher sind, dafs, mit einem Wort, die Iridektomie eine Sicherheit mehr für den Erfolg der Operation bietet.

So scheint es uns denn, dafs der Patient wohl eine etwas längere Dauer der Operation und den leichten Schmerz des Irisausschnittes mit in Kauf nehmen kann, wenn er dadurch mehr Freiheit in der Nachbehandlung und, vor allen Dingen, eine Garantie mehr für die Wiedererlangung seines Sehvermögens gewinnt.

Die übrigen Nachteile der mit Iridektomie kombinierten Extraktion lassen sich leicht bedeutend verringern.

So werden wir z. B. angesichts einer störenden Blutung das Auge mit aseptisch befeuchteten kalten Wattebäuschchen bedecken und geduldig warten, bis sie sich gestillt hat. Das Blut läfst sich gewöhnlich mit solchen Tampons auch direkt aufsaugen und entfernen. Zeitweises Lüften der Wunde mit stumpfem Spatel hilft dabei bekanntlich ebenfalls.

Einer ganz aufsergewöhnlich starken und hartnäckigen Hämorrhagie gegenüber bliebe immer noch der Ausweg offen, das Auge zu schliefsen und die Wunde heilen zu lassen. Man hatte auf diese Weise einfach eine vorlaufige Iridektomie gemacht, die, wie wir noch sehen werden, nicht selten indiziert ist.

Der Einklemmung der Linsenkapsel in die Wunde gehen wir am besten dadurch aus dem Wege, dafs wir dieselbe in möglichst grofser Ausdehnung mit einer geeigneten Pinzette entfernen. — Ziehen wir das Cystitom vor, so brauchen wir nur, O. BECKERs und SNELLENs Rat folgend, dasselbe nicht vertikal, sondern horizontal zu führen. Der so erhaltene Lappen kann sich höchstens unter die Iris bergen, aber nicht in die Wunde legen.

Was die Iriseinklemmung betrifft, welche auch trotz der Iridektomie vorkommen kann, so läfst sich dieselbe auf zwei Arten vermeiden. Einmal ist es angezeigt — wie HORNER, SNELLEN, GAYET und viele andere es geraten haben —, die Iris nicht nur nach Vollendung der Extraktion, sondern schon gleich nach ihrem Ausschnitte, mit dem Spatel zu reponieren und sorgfältig auszubreiten, so dafs die Ecken des Koloboms ihre richtige Lage einnehmen.

Wir haben GAYET in dieser Weise so vollkommen operieren sehen, dafs auch das Mikroskop bei den später zu pathologisch-anatomischer Untersuchung kommenden Augen keine Spur von Einheilung der Iris in die Wunde ergab. Je kleiner das Kolobom, desto unerläfslicher ist diese Prozedur.

Wir schützen uns vor Iriseinklemmung dadurch, dafs wir die Iris immer so weit abtragen, als es die Wunde gestattet. Handelt es sich um eine Iridektomie zu optischen Zwecken, so berechnen wir eben den Kornealschnitt genau nach den Erfordernissen der künstlichen Pupille. Haben wir aber, zur Herausbeförderung einer Katarakt, eine umfangreiche Inzision gemacht, so lassen wir eben auch die Iridektomie entsprechend grofs ausfallen.[1] Wir legen aufserdem grofses Gewicht darauf, die Iris mit der Pinzette leicht anzuziehen

---

[1] Da gerade von der Iridektomie die Rede ist, so sei es mir erlaubt, im Vorbeigehen die Form der Lanze zu erwähnen, deren ich mich seit vielen Jahren mit Vorteil bediene. Dieselbe ist, wie Fig. 1 (s. S. 43) zeigt, nicht von der

und bei deren Abtragung, die gewöhnlich in zwei Schlagen geschieht, die Schere energisch auf den Bulbus zu drücken.[1]

Ich bin überzeugt, dafs die einem grofsen oberen Kolobome angeblich anhaftende Blendung, über welche ich aber noch keinen Patienten habe klagen hören, ein verschwindender Nachteil ist im Vergleiche mit der Gefahr einer Iriseinheilung sowohl, als der des wiederholten Einführens von Instrumenten und des Berührens der Iris mit dem Spatel, wie es deren Reposition erfordert.

Ja, es giebt Fälle genug, in denen gerade ein grofses Kolobom sehr willkommen ist. Es sind dies die Katarakten, die sich durch einen besonders innigen Zusammenhang der Kortikalis mit der Kapsel auszeichnen. Trotz der ausgiebigsten Kapsulotomie, trotz allen Bemühungen, die Linsenreste vollkommen zu entfernen, kommt es doch vor, dafs solche im Auge zurückbleiben. Ehe sich dieselben resorbieren, schwellen sie an, oder sie resorbieren sich überhaupt nur unvollständig und bilden einen Nachstar. Die Entwickelung desselben ist aber jedenfalls um so ungefährlicher, je weniger die Kortikalmassen mit der Iris in Berührung kommen. Diese Bedingung ist um so besser erfüllt, je weiter die Pupille, d. h. je gröfser das Kolobom ist. Und sollte sich trotz alledem ein Nachstar bilden, so bietet eine weite Pupille immer noch die Möglichkeit einer freien Stelle, welche dem Patienten, auch ohne einen ferneren chirurgischen Eingriff, ein gutes Sehvermögen gestattet.

Axe des Instrumentes in einem Winkel abgebogen, sondern es geht der Hals des Instrumentes in einem sanften Bogen in den schneidenden Teil über. Man führt auf diese Weise das Instrument immer in seiner Axe und gewinnt dadurch bedeutend an Kraft und Sicherheit.

[1] Wie man sieht, habe ich meine Meinung in dieser Hinsicht seit 1870 etwas geändert. Ich sagte damals in *Hirschbergs Centralblatt*, indem ich die Vorzüge der einfachen Extraktion hervorhob, dafs ich nötigenfalls eine kleine Iridektomie mache. Man darf aber nicht vergessen, dafs wir damals die lokale Anästhesie nicht kannten, und ich nach unten operierte, um dem Patienten Schmerzen zu ersparen.

Die Entfernung der Kortikalmassen ist aber unzweifelhaft schwieriger da, wo kein Kolobom besteht. Daher kommt es, daſs die Sekundärkatarakt in diesem Falle ceteris paribus viel häufiger auftritt, als wenn eine Iridektomie gemacht worden ist. Man ist denn auch nicht selten genötigt, einer sogenannten einfachen Extraktion in der Folge noch eine Iridektomie nachzuschicken, sei es, um einen chronischen Entzündungsprozeſs zum Stehen zu bringen, sei es, um dem Tageslicht ein Fenster zu öffnen. Nun fragen wir, wenn eine Iridektomie gemacht werden muſs, ist es nicht vorteilhafter, dieselbe vor der Operation, an einem noch gesunden Auge auszuführen, als unter den so ungünstigen Verhältnissen einer mit Nachstar verbundenen, mehr oder weniger pathologisch veränderten Iris?

Wir gehen sogar noch weiter und behaupten, daſs, wenn die Iridektomie selbst unter sonst günstigen Umständen eine wertvolle Unterstützung für die Staroperation bildet, es auch Fälle giebt, wo sie derselben längere Zeit vorausgeschickt werden sollte. — In der That, wo die Katarakt von besonderen Komplikationen begleitet ist, scheint uns eine Wochen, ja auch Monate vor der Extraktion ausgeführte, sogenannte präliminäre Iridektomie angezeigt.

Wir vermeiden auf diese Weise die Nachteile der einfachen Extraktion und verringern zugleich die der kombinierten im höchsten Grade; wir schaffen uns für die Kataraktoperation die Verhältnisse, welche wir eingangs dieses Paragraphen als die vorteilhaftesten bezeichnet haben.

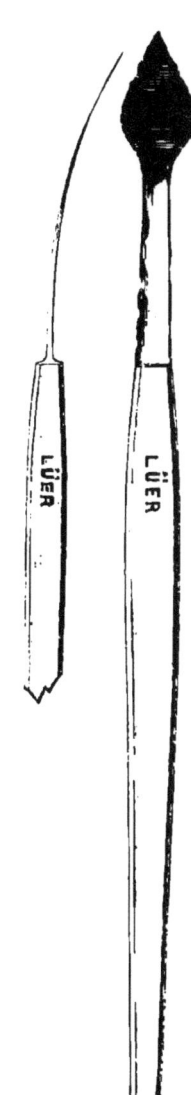

Fig. 1.

Wenn es sich bestätigen sollte, dafs, wie SNELLEN, BECKER, FÖRSTER[1] und andere Kollegen angeben, die Katarakt nach einer Iridektomie rascher und vollständiger reift, so wäre dies noch ein weiterer Vorteil dieser Methode.

Nun hören wir sofort den Einwand, dafs wir auf diese Weise das Auge statt einmal zweimal operieren, dasselbe zweimal der Infektionsgefahr aussetzen. Von seiten eines Patienten würden wir denselben begreiflich finden, von seiten eines Fachmannes sollte man ihn weniger erwarten.

Es ist allerdings richtig, dafs jede Wunde die Gefahr einer Infektion in sich schliefst, und unser Vertrauen in die Macht der Antiseptika ist kein so absolutes, dafs wir unsere Patienten auch nur dem kleinsten chirurgischen Eingriffe unterwerfen würden, falls derselbe nicht absolut nötig ist.

Es handelt sich denn auch in der gegenwärtigen Frage nicht um eine absolute, sondern um eine relative Sicherheit. Da dürfen wir denn aber doch kühn behaupten, dafs man weniger riskiert, wenn man, unter gehörigen antiseptischen Vorsichtsmafsregeln, erst eine Iridektomie macht und später, nach vollkommener Heilung, den Star herausholt, als wenn man bei unreinen oder komplizierten Katarakten, sei es mit, sei es ohne Irisausschnitt, in einer Sitzung zur Extraktion schreitet.

Die Infektionsgefahr der Iridektomie ist übrigens beinahe null. Haben wir ja doch schon bei der vorantiseptischen Zeit kaum je ein Auge durch diese kleine Operation verloren, und Gott weifs wie verschwenderisch in gewissen Zeiten an gewissen Orten iridektomiert worden ist, gerade von Operateuren, die jetzt die Gefahr dieser «Verstümmelung des Auges» nicht genug hervorheben können.

STEFFAN hat sogar auf 530 Extraktionen merklich weniger Infektionen gehabt in den Fällen, wo er die Iridektomie der Extraktion einige Wochen vorausschickte, als in denjenigen, wo er die beiden Operationen in einer Sitzung ausführte.

---

[1] FÖRSTER. *Bericht des Heidelberger Kongresses* 1881 p. 133.

Setzen übrigens diejenigen, welche ihrer Extraktion später noch eine Discission nachschicken, ihre Patienten nicht auch zweimal der Infektion aus? Und ist dieselbe nicht viel verhängnisvoller da, wo das Instrument bis in den Glaskörperraum dringt, als wenn es die vordere Kammer eines noch durch das intakte Linsensystem geschützten Bulbus nicht überschreitet?

Die Operation ohne Iridektomie einer unreinen oder unreifen Katarakt zieht übrigens gewöhnlich nicht nur eine, sondern mehrere Sekundäroperationen nach sich, die, wie wir sehen werden, alle ohne Ausnahme gefährlicher sind als eine präliminäre Iridektomie.

Auch hier stehen wir übrigens mit unserem Mahnen zur Vorsicht durchaus nicht vereinzelt da. Von unseren Korrespondenten können wir z. B. Herrn BRONNER aus Bradford anführen, der »if possible always six weeks before extraction« eine Iridektomie macht. — Prof. EVERSBUSCH schreibt ebenfalls, er liebe die präparatorische Iridektomie sehr und JACOBSON, er betrachte die präparatorische Iridektomie nicht als die Operation der Ausnahme, sondern als die der Regel. — STEFFAN[1] führt sie seit 1888 immer, und PRIESTLEY SMITH seit dem Anfang seiner Praxis »almost always« aus. — KEYSER (Philadelphia) kommt, nachdem er in seiner grofsen Praxis alle rationellen Extraktionsverfahren versucht hat, zu dem Schlusse, dafs: »the best practice is to make a free iridectomy six to ten weeks previously to the extraction«. — Ebenso erklärt SPRAGUE aus Boston: »a preliminary iridectomy, done two ore three weeks before extraction, is the safest procedure.« — BARAQUER und viele andere machen sie jedesmal, wenn ihnen die Katarakt nicht vollständig reif scheint, noch andere in allen irgendwie komplizierten Fällen.

Vergessen wir auch nicht, mit welch triftigen Gründen einst der verstorbene JACOBSON, gestützt auf eine Erfahrung,

---

[1] STEFFAN l. c., p. 199.

die wenigen von uns zu Gebote steht, für die praliminäre breite Iridektomie nach oben eingetreten ist.[1]

Ganz besonders zu beherzigen scheint mir auch der Ausspruch des Professors DOR, der erklärt, dafs, wenn er sich selbst einer Kataraktextraktion unterziehen müfste, er seinen Operateur um eine vorläufige Iridektomie ersuchen würde. Offen gestanden, würde ich für meine Person ebenso handeln, und thue es auch für meine Pflegbefohlenen, wenn sie es gestatten und es die Umstände erlauben. Meinen Schülern pflege ich zu raten, für alle Fälle, wo es sich darum handelt, zu ententscheiden, ob überhaupt und eventuell wie operiert werden soll, sich einfach die Frage zu stellen: »Welches Verfahren würdest du für dich selber wählen?« Man geht auf diese Weise selten fehl und wahrt so sicher am besten das Interesse seiner Patienten.[2]

Doch genug von der Iridektomie. Wenden wir uns zu einer weiteren Phase der Staroperation, zur Kapseleröffnung.

Die Eröffnung der Linsenkapsel ist für den Erfolg unserer Operation von aufserordentlicher Wichtigkeit. Ist man auch darüber einig, dafs dieselbe so ausgiebig wie möglich gemacht werden müsse, so herrscht doch über die zweckmäfsigste Methode, um zu diesem Ziele zu gelangen, noch eine ziemlich grofse Meinungsverschiedenheit.

Das einst von GAYET empfohlene und von KNAPP wieder aufgenommene Verfahren der äquatorialen Kapsulotomie

---

[1] JACOBSON, Arch. f. Ophth. XXX. 2, p. 261 uno XXXIV. 2, p. 197.

[2] Es ist allerdings heutzutage nicht immer leicht, einen Patienten zu bewegen, seinen Star in zwei Malen operieren zu lassen. Wir können hier auf die Gründe dieses Widerwillens nicht eingehen. Sie liegen übrigens auf der Hand. Den wichtigsten finde ich ausgesprochen in einem mir eben erst zugegangenen Schreiben des Herrn DEHENNE. Er sagt: »L'idéal, cela n'est pas douteux, serait de pouvoir faire l'opération en deux temps, à un mois d'interval environ. Mais allez donc proposer à un patient, d'intervenir deux fois pour extraire une cataracte, *lorsqu'on lui a répété sous tous les tons que l'extraction d'un cristallin opaque était d'une exécution plus facile et moins dangereuse que l'opération d'un cor au pied.*«

scheint nicht mehr viele Anhänger zu haben. Da dieselbe sowohl die vordere als die hintere Kapsel intakt läfst, so hat sie den Nachteil, in fast allen Fällen eine nachträgliche Diszission nötig zu machen.

GAYET bedient sich jetzt, wie seiner Zeit schon WENZEL und SANSON und in der Neuzeit GALEZOWSKY und andere, des GRÄFEschen Messers zur Kystitomie. Zwischen Punktion und Kontrapunktion, lassen sie dasselbe durch die vordere Linsenkapsel passieren. Kornealschnitt und Kapseleröffnung geschehen auf diese Weise gleichzeitig, denn auch eine resistente Kapsel widersteht einem gut geführten Schmalmesser selten. Das Verfahren kann also an und für sich nicht als ein schlechtes bezeichnet werden. Wir finden daran aber besonders das auszusetzen, was ihm seine Anhänger als Hauptvorteil nachrühmen, nämlich, dafs dabei zwei Dinge auf einmal gemacht werden. Wir ziehen es vor, methodisch zu Werke zu gehen und eines nach dem anderen zu thun.

Die Richtungsveränderung, welche man dem Messer zu geben genötigt ist, um es durch die Linse zu führen, sowie das dabei unmöglich immer zu vermeidende, wenigstens teilweise Abfliefsen des Humor aqueus, müssen sicherlich nicht selten den Kornealschnitt beeinflussen. Wir lieben, denselben rein, und genau nach dem vorgesehenen Plane zu vollenden.

Dasselbe gilt auch für die Kapseleröffnung, die wir gerne weit über das Pupillargebiet hinausführen, ja, im Falle von Verdickungen der Vorderkapsel, durch Abtragung eines Stückes derselben ergänzen.

Da die Resistenz der Kapsel eine sehr vezschiedene ist, so bedienen wir uns zu deren Eröffnung eines Instrumentes, das an einem Ende das klassische feine Häckchen (SNELLEN), auf der anderen die nicht minder bekannte dreieckige, schneidende Fliete trägt.

Legen wir aufserordentlich viel Gewicht auf die absolute Schärfe der beiden Instrumente, so ist dagegen ihr Hals aus weichem Stahl, so dafs wir demselben leicht die gewünschte

Biegung geben können. Wenn sich dann eine Kapsel mit dem Häckchen nicht genügend aufreifsen läfst, so brauchen wir das Instrument einfach zu drehen, und die Schneide findet kaum je einen Widerstand. Scheint uns aber der Schnitt unzulänglich, so erweitern wir ihn einfach mit dem Häckchen. Nötigenfalls kann dasselbe auch dazu dienen, ein Stück von der Kapsel zu umschneiden und abzutragen.

In der That wäre die Entfernung eines möglichst grofsen Teiles der vorderen Kapsel die beste Garantie nicht nur für deren vollständige Eröffnung, sondern auch, wie wir eben gesehen haben, gegen allfällige Einklemmung ihrer Zipfel in die Wunde. So sind denn auch die Versuche der Kollegen, die, wie ALESSI, ARMAGNAC, BECKER, COLSMAN, COOPER, FÖRSTER, KUHNT, E. MEYER, SCHWEIGGER, SMITH, WEBER, v. WECKER und andere, dahingehen, mittelst einer Pinzette einen Teil der Vorderkapsel zu entfernen, als höchst verdienstvoll zu begrüfsen und haben auch schon trefflichen Erfolg gehabt.[1]

Man hat gegen die Methode allerdings den Einwand erhoben, dafs, in Fällen von aufsergewöhnlich harter Kapsel, die Zähne der Pinzette einen solchen Widerstand finden dürften, dafs sie entweder abgleiten oder zum Eingreifen einen Druck benötigen, der Ruptur der Zonula und Glaskörperverlust nach sich ziehen könnte. Wo kein Kolobom vorhanden ist, riskiert man aufserdem, mit der Kapselpinzette auch die Iris zu fassen.

Um letzteren Übelstand zu vermeiden, haben Prof. KUHNT, sowie später Dr. SMITH aus Detroit, ihren Pinzetten eine leichte knieförmige Biegung gegeben, so dafs, wenn deren Zähne die Linse berühren, die Branchen über der Iris liegen. Beide Instrumente sind sehr handlich, und hat uns namentlich das letztere schon sehr gute Dienste geleistet.

Überhaupt können wir den Kapselpinzetten keinen anderen Vorwurf machen, als den, uns hie und da, bei sehr rigider Kapsel, im Stiche gelassen zu haben. Es war denn

---

[1] DE WECKER, *Compteren du* de l'année 1871. — *Ann. d'Oc.* Mars 1872.

auch ein sehr glucklicher Gedanke von Prof. KUHNT, zum Zwecke gründlicher Kapseleröffnung, die Vorderkapsel erst mit einem Kystitome dem Äquator parallel einzuschneiden und hernach mit der Pinzette ein möglichst grofses Stück davon abzutragen.

In einem Falle sehr rigider Krystalloidea waren wir so glücklich, zwar nicht die Kapsel einzureifsen, wohl aber die Linse in der unversehrten Kapsel aus dem Auge zu befördern. Wir verloren dabei keinen Glaskörper, und das Resultat der Operation war ein glänzendes. Solche Fälle beweisen, dafs die Kapsel oft resistenter ist als die Zonula und die Kystitomie einen ganz besonderen Takt verlangt.

Es ist nur zu bedauern, dafs es nicht immer thunlich ist, mit der Linse auch die Kapsel zu entfernen, wie dies ALEXANDER PAGENSTECHER einst versuchte und sein Nachfolger HERMANN in richtiger Wahl der Fälle noch thut.

Die Antisepsis gestattet uns auch in dieser Hinsicht ein kühneres Vorgehen, und können wir Kollegen LAQUEUR[1] nur beipflichten, wenn er das Verfahren nicht nur für morgagnische und überreife Stare, sondern auch für Katarakten mit verdickter Kapsel und bei schlotternder Iris empfiehlt. Ist es doch manchmal so schwer, den Kapselsack vollkommen zu reinigen, und steht auch die Kapsel an und für sich schon häufig genug dem Sehen als störendes Hindernis im Wege. Allerdings verlangt die Extraktion in geschlossener Kapsel eine ganz besondere Berücksichtigung der Natur der Katarakt, der individuellen Verhältnisse und des Charakters des Patienten.

Wir haben soeben die Kapsulotomie als einen hochwichtigen Akt der Starextraktion dargestellt. In der That kommen manche üble Zufälle während der Operation einzig und allein auf Rechnung ungenügender Kapseleröffnung oder einer während derselben stattgehabten, aber unbeachtet gebliebenen Subluxation der Linse.

---

[1] LAQUEUR. *Ann. d'Oc.*, p. 79. 1892.

Das beste Mittel, solche unangenehme Überraschungen zu vermeiden, ist, nur bei ganz gutem Lichte zu operieren. Wir vergessen nur zu oft, dafs eine Beleuchtung, welche zu jeder anderen Operation mehr als zureichend wäre, durchaus ungenügend ist, wenn es sich um so zarte und namentlich um durchsichtige Teile handelt wie die Linsenkapsel und die äufseren Schichten der Linse, von denen dem Chirurgen entgangene Teile im Auge zurückbleiben und einen Nachstar hervorrufen können.

Müssen wir nicht gestehen, dafs wir bei der gewöhnlichen »guten« Beleuchtung den Rifs oder Schnitt, den wir der Kapsel beigebracht haben, überhaupt nicht sehen? Das feine Gefühl unserer Finger, das Vortreten der Linse und Hervorquellen von Kortikalmassen sind es, die uns gewöhnlich die Eröffnung der Kapsel anzeigen.

Diese Zeichen fehlen aber hie und da einmal: die Linse scheint unverändert zu bleiben und, sind wir auch überzeugt, die Kapsel angeschnitten zu haben, so wissen wir doch nicht, inwieweit dies geschehen ist. Folgt dann die Katarakt dem auf sie ausgeübten Drucke nicht gleich, so fragt man sich ängstlich, woran das liegt? — Ist die Kornealwunde zu klein, resp. die Katarakt voluminöser, als wie vermutet? — Rührt der Widerstand von der Iris her (wenn wir keine Iridektomie gemacht haben)? — Besteht ein besonders inniger Zusammenhang zwischen der Linse und ihrer Kapsel, oder ist eben die Kapselöffnung unzulänglich?

Müssen wir die Kornealwunde erweitern, oder uns zur Iridektomie entschliefsen, die wir glaubten vermeiden zu können? — Sollen wir noch einmal mit dem Cystitom eingehen, oder zur Kapselpinzette greifen? — Ist es ratsam, den zur Herausbeförderung der Linse schon angewandten Druck und Gegendruck noch zu erhöhen? — oder sollen wir gleich zur künstlichen Entbindung mittelst Schleife, Löffel oder Haken schreiten?

Die Antwort auf diese Fragen liegt vor allem in der Beurteilung der Öffnung der Linsenkapsel. Je nachdem wir das Richtige getroffen haben, wird unsere Operation von Erfolg gekrönt sein, oder aber fehlschlagen.

Eine gute Beleuchtung ist uns hierbei unerläfslich. Sie giebt uns, falls ein Kolobom vorhanden ist, über die Dimensionen und die Lage der Katarakt, über ihre Tendenz, sich in die Wunde zu legen, Rechenschaft und zeigt uns namentlich die Ausdehnung des Kapselrisses.

Man ist geradezu überrascht, wenn man zum erstenmal unter den konzentrierten Strahlen einer starken Lichtquelle operiert; man atmet neu auf und fragt sich, nicht ganz mit Unrecht, wie man es nur habe wagen können, eine so zarte Operation wie die Starextraktion, so zu sagen im Halbdunkel vorzunehmen?

Die Bestrebungen CHIBRETS,[1] die Ophthalmochirurgie mit einem Leuchtturme zu beglücken, sind denn auch aller Ehren wert, wenn sie auch an den Schwierigkeiten der Ausführung gescheitert sind, und das Vorgehen der Kollegen, die, wie ABADIE, v. HIPPEL, SNELLEN, v. WECKER u. a., zu den Operationen an den durchsichtigen Teilen des Auges sich des elektrischen Lichtes bedienen, verdient alle Nachahmung.

Es ist dies eine bedeutende Verbesserung der Staroperation, namentlich der Kapseleröffnung, der Diszission und der sogenannten »Toilette« des Auges.

In der That ist eine vorzügliche Beleuchtung unerläfslich nicht nur während der Extraktion, sondern mindestens ebenso sehr noch nachher.

Mit dem Austritt der Linse ist unsere Operation noch lange nicht beendet. — Eine Katarakt mit oder ohne Iridektomie aus dem Auge zu befördern, ist nicht schwer, wenn man ihr nur die beiden Thüren, die der Kapsel und die der Hornhaut, gehörig geöffnet hat. Die eigentliche Schwierigkeit kommt häufig genug später, wenn es gilt, die vordere Kammer und den Kapselsack der anhaftenden Linsenreste zu ent-

---

[1] CHIBRET. Phare ophtalmologique du COLONEL MANGIN et du Dr. CHIBRET Soc. française d'Opht. 1886, p. 342.

ledigen. Und es ist nicht zu leugnen, dafs diese Reinigung des Auges eine Hauptbedingung für den Erfolg unserer Operation darstellt.

Allerdings haben, dank der Asepsis, zurückgebliebene Starreste nicht mehr die verhängnisvolle Bedeutung wie früher. Wir kennen kaum mehr die plastische Iritis, deren Exsudat mit den Kortikalmassen und der infiltrierten Regenbogenhaut zusammen einen undurchdringlichen Nachstar zu bilden pflegte. Die Iris entzündet sich selten, und in dem erweiterten Pupillargebiete resorbieren sich die Starreste mit der Zeit meistens vollständig. Wir sagen »meistens«, aber nicht immer. Wer sich glaubte darauf verlassen zu können, würde sich nur zu häufig bitterer Enttäuschung aussetzen. Alle gewissenhaften Chirurgen befleifsigen sich denn auch, schon gleich nach der Operation eine möglichst reine Pupille zu erhalten.

Das natürlichste und ungefährlichste Mittel, um zu diesem Zwecke zu gelangen, scheint uns die Massage mit den Augenlidern. Diese Reibung des Auges ist unendlich viel zarter und für den Patienten erträglicher, als die mittelst eines Spatels, sei er aus Kautschuk, Elfenbein oder Metall. Sie läfst eine Modifikation in der Intensität, Modalität und Richtung des Druckes zu, wie sie mit einem rigiden Instrumente niemals möglich wäre. Die beiden Hände des Operateurs können sich aufserdem durch Druck und Gegendruck, ungescheut der klaffenden Wunde und des nicht mehr durch die Linse zurückgehaltenen Glaskörpers, ruhig entgegenarbeiten. Keine Operation der Augenchirurgie erfordert so viel Takt und so viel Geduld, wie diese Reinigung des Auges nach der Entbindung der Linse. Geduld brauchen wir schon, um die Wiederansammlung des Humor aqueus abzuwarten, und derselbe ist für unser Unternehmen unzweifelhaft das wichtigste Hülfsmittel.

Wenn wir auch das Einführen von Instrumenten nach dem Austritt der Linse möglichst vermeiden, so leistet uns doch bei der Toilette des Auges eine kleine Curette aufserordentlich gute Dienste. Dieselbe (Fig. 2) unterscheidet sich von CRITCHETTs Löffel durch ihre Form und ihre kleineren Dimensionen. Sie ist so flach, dafs sie leicht unter die Iris gleitet und doch hohl genug, um Starreste zu fangen und aus dem Auge zu leiten. Dank ihrer abgerundeten Ränder bietet sie dem Glaskörpsr keine Gefahr und eignet sich vorzüglich zum Reponieren und Ausbreiten der Iris. Das andere Ende des Instrumentes trägt eine einfache flache Spatel. Beide sind aus Silber gearbeitet, also leicht aseptisch zu machen und zu erhalten. Sie würden sich begreiflicherweise ebenso aus Gold herstellen lassen, dessen Kontakt, nach WALDHAUER[1], dem Auge ganz besonders angenehm sein soll, oder aus Platiniridium, das GRÜNING[2] empfiehlt, weil es sich ohne Nachteil direkt durch eine Spiritusflamme sterilisieren läfst.

Zum Zwecke radikalster Reinigung und Desinfektion der vorderen Kammer sind bekanntlich eine reiche Zahl von Spritzen, Pumpen, hydraulischen Apparaten verschiedenster Art erfunden und empfohlen worden, mittelst derer in den engen Raum zwischen Kornea und Iris, Fluten aller möglicher Antiseptika getrieben werden sollten.[3]

Diese intraokularen Auswaschungen sind weit entfernt, die Zustimmung aller Fachmänner gewonnen zu haben. Die gröfste Zahl derer, die wir darüber um ihre Meinung befragt haben, antworten uns, sie betrachten dieselben als »unnütz

Fig. 2.

---

[1] WALDHAUER. Internat. ophth. Kongrefs Heidelberg 1888. p. 153.

[2] GRÜNING. *Transactions of the med. Soc. of the State of New-York.* P. 354. 1891.

[3] von WECKER, Mc KEOWN, UHLE, VACHER, PANAS, GAYET, CHODIN, TERSON, JNOUYE, WICHERKILWICZ u. a.

und gefährlich«. Viele sind, nachdem sie dieselben eine Zeit lang versucht, gänzlich davon zurückgekommen.[1]

Es ist nur zu bedauern, dafs die Erfinder dieser Instrumente und Apparate, die uns dieselben s. Zt. so dringlich angepriesen haben, es nicht für nötig erachten, uns mitzuteilen, wie vorsichtig sie in letzter Zeit mit deren Anwendung geworden sind. Während früher eine breite Kanüle herzhaft in die Vorderkammer ein- und unter der Iris herumgeführt wurde, läfst man dieselbe jetzt wohlweislich am Eingang stehen und höchstens die Wundlefzen heben; statt das Innere des Auges von »bis zu einem halben Liter« Sublimatlösung durchströmen zu lassen, flöfst man demselben höchstens eine mäfsige Quantität einer anspruchlosen Flüssigkeit ein.

Man scheint auch über die eigentliche Bedeutung dieser Irrigationen noch nicht allseits im klaren. Die einen betrachten dieselben nur als Mittel zur Antisepsis[2] und

---

[1] »Die intraokularen Waschungen sind in der Mehrzahl der Fälle überflüssig als Antiseptika und ungenügend zur Entfernung der Starreste.« *Knapp.*

»Intraokulare Auswaschungen habe ich zwar vielfach angewendet, indessen definitiv wieder aufgegeben, da ich wiederholt erhebliche Reizungszustände beobachtete, welche dem möglichen Nutzen derselben gegenüber ernstlich in die Wagschale fallen.« *A. Gräfe.*

»Die Ausspülungen der Kammer, welche ich öfter selber gemacht habe, halte ich stets für überflüssig und in manchen Fällen geradezu für nachteilig.« *Fuchs.*

»J'ai essayé prudemment pendant quelque temps l'irrigation intraoculaire — après extraction de la lentille — mais j'ai vite abandonné cette détestable manière de faire.« *Ann. d'Oc.* 1892, p. 77. *Hansen Grut.*

Am Kongresse für med. Wissenschaften in Barcelona (1888) hielt AGUILAR einen sehr interessanten Vortrag über die Kataraktextraktion. Wir entnehmen demselben folgenden Passus (p. 7 des Berichtes): »Nous fûmes des plus empressés à employer les injections antiseptiques et nous nous servîmes de la solution boriquée de M. de WECKER. N'ayant pas l'habitude de chloroformer le malade pour l'opération de la cataracte, j'éprouvais de grands inconvénients à manipuler l'irrigateur sur un oeil libre, animé de mouvements volontaires. Mais l'espoir de triompher de l'infection était assez fort pour me faire passer outre ces difficultés. Mais, hélas, une iritis suppurée ébranla ma croyance, et depuis 2 ans je n'emploie plus ces irrigations . . .«

[2] Ce n'est qu'à partir du moment où j'ai adopté de laver antiseptiquement (avec une solution d'acide borique de 3 à 4 %) la chambre antérieure, que j'ai vu s'évanouir toute suppuration de l'iris et de la cornée.« *Panas.*

warnen davor, auf diese Weise Starreste entfernen zu wollen
Für die anderen dienen sie im Gegenteil ausschliefslich zur
mechanischen Reinigung der vorderen Kammer und würden, zu antiseptischen Zwecken verwendet, beträchtliche Gefahr mit sich bringen.[1]

Die letztere Ansicht ist die weitaus überwiegende und wird sich um so mehr Bahn brechen, als sie in der klinischen Beobachtung sowohl als auch in dem rein wissenschaftlichen Experimente ihre volle Bestätigung gefunden hat.

Was uns anbelangt, so haben diese antiseptischen Auswaschungen nie unser Zutrauen gewonnen, überzeugt wie wir waren, dafs ein Antiseptikum, stark genug, um in ganz kurzer Zeit so resistente Organismen wie die Staphylokokken zu zerstören, den zarten Membranen des Augeninnern, der Hyaloidea, dem Endothelium der Kornea und Epithelium der Iris höchst verderblich werden mufs.[2] Wir kennen denn auch die s. Zt. so vielfach beobachteten Hornhauttrübungen nur vom Hörensagen. Man legte sie bald dem Kokain, bald den bei der Extraktion verwendeten antiseptischen Lösungen zur Last. Sie sind aber, wie wir nun wissen,[3] den gleichzeitig ins Auge gedrungenen Lösungen von Sublimat und Kokain zuzuschreiben. Die vordere Kammer mufs eben viel mehr respektiert und darf nicht als bakteriologisches Laboratorium betrachtet werden.

Die schönen Arbeiten von NUEL und CORNIL haben in letzter Zeit unumstöfslich dargethan, dafs, wenn die zum

---

[1] SATTLER. »Die intraokularen Auswaschungen wende ich zuweilen an, wenn die Starreste auf die gewöhnliche Art des Streichens mit dem unteren Lid nicht herauszubringen sind. — Ich benutze dazu etwas erwärmte Borsäure oder 0.6 % Na Cl-Lösung. Die Ausspülungen zu Zwecken der Antisepsis anzuwenden, ist unwissenschaftlich und bedingt Selbsttäuschung zum Nachteil des Kranken.«

[2] Nach KOCH ist die Lebensfähigkeit mancher Bakterien eine solche, dafs sie eine volle Stunde lang den Aufenthalt in einer Sublimatlösung von 1 zu 5000 ertragen. *Mitth. a. d. K. Gesundheitsamte.* B. I., p. 274, 1881.

[3] Siehe u. a. MELLINGER, *Centralbl. für Schweizer Ärzte*, p. 466, 1891.

Zwecke der Antisepsis ins Auge gebrachten Losungen als solche erfolglos sind, sie auf das Endothelium der Hornhaut einen deletären Einfluſs ausüben.[1]

Die intraokulären Auswaschungen oder Ausspülungen können denn auch nur als mechanische Mittel zu eventueller Herausbeförderung von Starresten in Betracht kommen.[2] Die hierbei verwendeten Lösungen sollen einmal die Körpertemperatur haben und durchaus indifferent sein, wie z. B. eine vierprozentige Borsäure, oder besser noch eine physiologische Salzlösung.[3] Selbst sterilisiertes Wasser wird, nach NUEL, vom Hornhautendothelium schlecht ertragen. Das Epithelium der Iris, die Linsenkapsel und Hyaloidea werden für Quecksilbersalze und ähnliche Bakterizidien kaum weniger empfindlich sein. Manche Reizzustände des Auges und Komplikationen im Heilverlaufe kommen sicher auf Rechnung dieser verkehrten Anwendung der Antisepsis.

Als Reinigungsmittel der Vorderkammer aber erfreuen sich die intraokularen Waschungen der Gunst vieler Kollegen. Prof. GAYET sagt von denselben: »Ils expulsent bien les débris, restituent pupille et capsule, chassent le sang et nettoyent

---

[1] NUEL, *Congrès français d'opht.* 1889, und NUEL et F. CORNIL, De l'endothélium de la chambre antérieure. *Arch. d'opht.* X. p. 309. 1890.

[2] VACHER, einer der ersten und feurigsten Verteidiger der intraokularen Waschungen hat uns einige diesbezügliche schlagende Versuche mitgeteilt. Er machte zwei Serien von je 50 Staroperationen, die eine mit intraokularer Auswaschung, die andere mit leichter Berieselung der Wunde mittelst einer Borsäurelösung. Beide Serien erwiesen sich als gleich günstig, sowohl was den Heilverlauf als was das Endresultat anbelangt. »Aussi, depuis cette époque«, fährt unser Gewährsmann fort, »j'ai employé moins souvent le lavage intraoculaire qui demande une sûreté de main et des précautions minutieuses qui ne sont pas toujours faciles. L'asepsie rigoureuse du champ opératoire et des voies lacrymales rendent le lavage intraoculaire inutile, lorsque l'extraction du cristallin a été complète et le nettoyage pupillaire parfait.«

[3] CHIBRET empfiehlt in dem eben erschienenen Hefte der *Archives d'opht.* (p. 433) eine Lösung von 5 Centigramm Cyanquecksilber und 7 Gramm Chlornatrium auf 1000 Gramm destillierten Wassers als antiseptische und doch ungefährliche Spülflüssigkeit für die vordere Kammer.

les lèvres de la plaie.«[1] Allerdings teilt er mir noch schriftlich mit, dafs, wenn er denselben auch sehr zugethan ist, er sie, ohne Einführung irgend eines Instrumentes in das Auge, einfach mittelst eines kräftigen Strahles lauen sterilisierten Wassers vollziehe.[2]

In so vorsichtiger Weise ausgeführt, lassen sich die intraokularen Ausspülungen wohl verteidigen.[3] Nichtsdestoweniger beschränken wir deren Anwendung »ne quid nimis« auf die Fälle, in denen der Humor aqueus zur Entfernung der Starreste nicht genügt, und gehen dabei nicht nur, was die Natur der ins Auge zu bringenden Flüssigkeit, sondern auch was deren Quantität und Druck anbelangt, sehr vorsichtig zu Werke.[4]

Die Nachoperationen der Starextraktion.

Es ist uns nicht entgangen, dafs vom ersten bis zum letzten Momente der Extraktion die gewissenhaften Operateure hauptsächlich ein Ziel im Auge haben, und zwar, das Auge

---

[1] GAYET, *Intern. Ophth. Kongress Heidelberg* 1888, p. 129.

[2] Der Apparat, dessen sich unser Lyoner Kollege zur Bereitung und Aufbewahrung des sterilisierten Wassers sowohl als zur Auswaschung des Auges bedient, ist ähnlich einem RICHARDSONschen Zerstäuber. Seine Beschreibung findet sich u. A. in VINAY, *Manuel de l'antisepsie*, p. 311.

[3] »Les lavages intraoculaires sont une bonne chose, quand on les emploit discrètement.« *Schiess.*

»L'iridectomie rend presqu'inutile le lavage de la chambre antérieure.« *Secondi.*

[4] Kollege VON HOFFMANN hat uns seiner Zeit mit einem ebenso einfachen als handlichen Instrumente beschenkt, das uns bei der Ausspülung der Vorderkammer sehr gute Dienste thut. Es besteht aus einem Tropfgläschen mit silberner, abgeplatteter Kanüle, fafst übrig genug Flüssigkeit und läfst sich leicht und sicher führen, nicht wie die Spritzen, die zu diesem Zwecke die allerungünstigste Form darbieten. Der einzige Einwand, den man dagegen erheben könnte, ist, dafs die Teile, aus denen es besteht, nicht auf die gleiche Weise zu sterilisieren sind: der Kautschuk chemisch, das Glas und Metall durch die Hitze. Wie ich vernehme, hat VON HOFFMANN seither die Schwierigkeit, eine genügend feine Glasspitze mit seitlicher Öffnung herzustellen, überwunden und sein Instrument damit sehr glücklich modifiziert.

nicht nur von dem undurchsichtigen Teile seiner Linse, sondern des gesamten Kapselinhaltes, ja womöglich gar der Linse samt ihrer Kapsel zu entledigen.

Aus diesem Grunde geben sie der Wunde eine so grofse Ausdehnung, schneiden viele derselben (wenn auch mit mehr oder weniger schwerem Herzen) ein Stück aus der Iris, eröffnen sie die Kapsel nach allen Richtungen oder entfernen einen möglichst grofsen Teil derselben. Zu diesem Zwecke hat man Spateln und Löffel erfunden, die Linsenreste herauszuholen, Spritzen und Irrigatoren aller Art, um sie herauszuschwemmen.

Dies Bestreben ist mehr als gerechtfertigt, die in dieser Hinsicht aufgewandte Mühe aller Ehren wert; ja sie verdiente wohl auch häufig einen besseren Erfolg. In der That ist nicht zu leugnen, dafs, insofern die Staroperation eine absolut reine Pupille schaffen soll, wir doch hie und da noch hinter diesem Desideratum zurückbleiben. Derjenige, der uns ein sicheres Mittel an die Hand geben wird, dies Ziel in allen Fällen zu erreichen, wird sich würdig dem unsterblichen DAVIEL an die Seite stellen dürfen.

Wir können allerdings mit grofser Genugthuung auf die Errungenschaften der letzten Jahre blicken. Ist einerseits die Wundheilung unvergleichlich viel rascher, sicherer und reiner geworden, so gelingt es uns andererseits in viel ausgedehnterem Mafse als früher die Starreste zu entfernen. Hauptsächlich aber haben dieselben nicht mehr die unheilvolle Bedeutung wie ehedem, und doch wagen wir uns jetzt unbedenklich an Katarakten, die man früher als nicht operierbar betrachtet hätte.

Desungeachtet lassen wir fast immer doch wenigstens die hintere Linsenkapsel im Auge. Häufig bleiben auch, namentlich bei unreinen Staren, mit der Kapsel innig zusammenhängende Kortikalmassen zurück, deren gewaltsame Entfernung mit nicht unbeträchtlichen Gefahren verbunden wäre.

Die anfangs meist durchsichtige Kapsel trübt oder faltet sich bisweilen mit der Zeit. Die Kortikalmassen resorbieren sich nicht immer vollständig und bilden dann eine Sekundärkararakt, die, obschon halb durchsichtig, doch kein reines Netzhautbild zu stande kommen läfst.

Der Erfolg unserer Operation geht somit ganz oder teilweise verloren, wenn wir uns nicht zu einem ferneren chirurgischen Eingriffe entschliefsen.[1]

Derselbe wird manchmal in einer **Iridektomie** oder **Iridotomie**, wohl auch in der **Extraktion** des **Nachstars**, am häufigsten in dessen **Discission** bestehen.

Die **Iridektomie** wird man in gewohnter Weise mit der Lanze, die **Iridotomie** mit einem der hierfür angegebenen Messer, oder mit der VON WECKERschen Schere ausführen. —

Die Entfernung des getrübten Kapselsackes und seines Inhaltes mit Hilfe einer Pinzette ist eine namentlich von PANAS gern geübte Operation. Sie hat auch uns in geeigneten Fällen gute Dienste gethan.

Bei all' diesen Operationen wird man sich vor Zerrung an der Iris hüten und der strengsten Beobachtung der antiseptischen Regeln befleifsen müssen, sonst riskiert man, das schon halb gerettete Auge gänzlich und unwiederbringlich zu verlieren. Die Gründe hierfür liegen auf der Hand, wir werden aber bei Anlafs der Discission noch darauf zu sprechen kommen.

Die weitaus am häufigsten geübte, der Starextraktion nachgeschickte Operation ist, in der That, die Zerreifsung,

---

[1] Wir sprechen hier wohlverstanden nicht von jenen Sekundärkatarakten die, in der Form dicker Schwarten, gebildet von Starresten und dem organisierten Exsudate plastischer Iritis, die Pupille vollständig verschliefsen.

Dieser beklagenswerte Zustand des Auges fällt wohl immer dem Operateur zur Last und läfst nur wenig Hoffnung auf irgend welche Besserung zu. In der That, diese in den Statistiken einst als »günstig für eine Iridektomie« bezeichneten Fälle können niemals ein befriedigendes Resultat ergeben, und zwar aus dem einfachen Grunde, weil die Entzündung, die wir oberflächlicherweise Iritis heifsen, den ganzen Uvealtraktus ergriffen hatte, weil das iritische Exsudat, das wir sehen, von einem chorioiditischen Exsudate begleitet war, das wir nicht sehen und das den Patienten für immer am Sehen hindern wird, da es den Glaskörper verdunkelt und die Retina desorganisiert hat.

Zerschneidung, Eroffnung der die Pupille verschliefsenden Membran, mit einem Wort die Discission.

Es ist dies offenbar ein sehr wichtiger Akt, da er zum Endziele unseres ganzen operativen Vorgehens führen soll. Er könnte andererseits ebenso harmlos als einfach scheinen, da es sich dabei nur um wenig resistente Partien des Auges und um eine minime Wunde handelt.

Die Fachgenossen sind jedoch über die möglichen Komplikationen der Discission durchaus noch nicht einig. Viele von ihnen, wie KNAPP[1] und KUHNT, welche dieselbe in über 90 % der Fälle der Kataraktoperation nachschicken, betrachten sie als absolut gefahrlos, selbstverständlich wenn sie bei strenger Antisepsis vorgenommen wird.

Andere, und ihre Zahl ist grofs, entschliefsen sich nur im höchsten Notfalle, und immer mit grofsem Bedenken, zu dieser kleinen Operation.[2] Sie müssen dafür jedenfalls sehr gewichtige Gründe haben, denn warum sollten sie einem Patienten nur ein Viertel Sehschärfe lassen, wenn ihm eine einfache Zerreifsung der Kapsel vier Fünftel, ja vielleicht normale Sehschärfe bringen kann?[3]

Viele erklären geradezu, dafs sie die Discission für eine der gefährlichsten Operationen der gesamten Ophtalmochirurgie halten, da sie infolge derselben akute oder schleichende Iritis und Iridocyclitis, selbst Panophthalmitis, ja sogar sympathische Erkrankung des zweiten Auges beobachtet haben.

Es genügt jedenfalls, ein einziges Mal auf solche Weise ein Auge zu verlieren, dem man mit geschickter und glück-

---

[1] »A l'exception d'un petit nombre de cas, où la capsule antérieure a été largement enlevée, aucune extraction de cataracte n'est terminée, si la discission secondaire n'est pas faite.« *Knapp.*

[2] »Depuis bientôt vingt ans, je n'interviens une seconde fois que lorsque l'acuité visuelle est insuffisante, pour permettre au malade de se conduire librement, de lire et d'écrire.« *Panas.*

GAYET drückte sich am internationalen Ophthalmologenkongresse in Heidelberg (1888) über die nachträgliche Operation von Kapseltrübungen folgendermafsen aus: »Il n'est pas d'opération, que je redoute davantage; elle me parait toujours incertaine, souvent inutile, parfois très-dangereuse.«

licher Hand das Sehvermögen geschenkt hatte, um für immer gegen eine Operation eingenommen zu sein, die so traurige Folgen haben kann.

Dies Mifsgeschick scheint übrigens nicht gar so selten zu sein. Vor mir liegt der letztes Jahr erschienene Bericht einer grofsen Augenklinik, wonach einer der Operateure[1] auf je 100 Kataraktextraktionen zweimal Iritis verzeichnet, während auf seine 16 Discissionen gerade ebensoviele Fälle, das wäre 12,5 %, von Entzündung der Iris kommen. Und, wenn es ihm gelungen ist, ohne eine einzige Eiterung über 300 Extraktionen zu vollführen, so hat er auf 16 discindierte Augen eines an Panophtalmitis gänzlich verloren. Es wäre dies ein Prozentsatz von 6,25 % Verlusten für diese unscheinbare Operation.

Ein anderer,[2] an derselben Anstalt thätiger Kollege hat 1,48 % Panophthalmitis bei seinen Staroperationen und 9,09 % bei seinen Discissionen.

Welchem Umstande sind wohl die so schweren Folgen eines so geringfügigen chirurgischen Eingriffes zuzuschreiben?

Es versteht sich von selbst, dafs, wenn das Instrument, dessen man sich hierzu bedient, septisch ist, dasselbe den Keim der Infektion ins Innerste des Auges, in den Glaskörper bringen kann, der für die Entwickelung von Mikroorganismen ein ganz besonders günstiges Terrain bildet. In diesem Falle wäre nicht die Operation, sondern der Operateur anzuklagen, denn kein scharfes Instrument ist leichter zu sterilisieren, als eine Discissionsnadel oder Schneide; kann man sie doch, vor der Benutzung, durch eine Flamme führen. — Man hat aber ganz unzweifelhaft, trotz der bisher bekannten antiseptischen Kautelen, Augen nach der Discission zu Grunde gehen sehen.

---

[1] TROUSSEAU, Compte-rendu de la clinique des Quinze-Vingts. 1890—1891, p. 23.

[2] CHEVALLEREAU, Compte-rendu de la clinique des Quinze-Vingts. 1890—1891, p. 23.

Nun ist zu allen Zeiten die Zerrung der Iris und des Ciliarkörpers als besonders geeignet anerkannt worden, eine heftige Reaktion nach sich zu ziehen.[1] Um dieselbe zu vermeiden, bedient man sich bekanntlich zur Discission zweier Nadeln, von denen die eine die Iris gegen den von der anderen ausgeübten Zug schützt.

NOYES schlägt zu demselben Zwecke eine Methode vor, die nach unserem Dafürhalten noch besser ist, weil dabei die Instrumente weniger oder gar nicht mit dem Glaskörper in Kollision geraten. Durch zwei kleine, mit dem Linearmesser in der Hornhaut angebrachte Öffnungen führt er zwei Häkchen in die Pupillarmembran und zerreifst dieselbe, indem er die Instrumente gleichzeitig in entgegengesetzter Richtung wirken läfst.

Andere Operateure haben die ziehenden Instrumente durch schneidende ersetzt. Die einen bedienen sich einer einschneidigen,[2] die anderen einer zweischneidigen Klinge,[3] die dritten der WECKERschen Schere.

Legen manche Ophthalmologen der Verletzung des Glaskörpers so wenig Gewicht bei, dafs sie die Discission, nach Art der alten Reklination, von hinten, durch die Sklera hindurch, vornehmen, so warnen andere im Gegenteil davor, die von vorne in die Pupille gedrungenen Instrumente aufzurichten, und

---

[1] »Le moindre tiraillement du corps ciliaire, surtout dans un œuil déjà traumatisé, peut provoquer une iridocyclite pernicieuse.« *Eperon.*
— Die Herren BRIBOSIA und CRITCHETT schreiben mir in demselben Sinne.

[2] KNAPPS Messerchen ist nach unserer Erfahrung der beste Typus dieser Art.

[3] Wir haben uns in letzter Zeit eines Messerchens bedient, das ganz nach Art des KNAPPschen gearbeitet ist, aber auf beiden Seiten eine konvexe, möglichst scharfe Schneide besitzt. Der Hals ist, wie beim KNAPPschen Instrumente, rund und verschliefst nicht nur die Wunde, sondern gestattet auch, die Richtung der Klinge durch Drehung zu verändern. DEUTSCHMANN, DOHNBERG, SCHWEIGGER verwerten ein doppelschneidiges Linearmesser, das eine glattere Wunde giebt, in welche (nach DEUTSCHMANN) Glaskörper sowohl als Hornhautepithel weniger leicht eindringen können.

empfehlen, dieselben möglichst der Pupillarebene parallel zu führen, um den Glaskörper ja nicht mehr zu verwunden als unumgänglich nötig ist.

HAAB und früher schon KNAPP[1] haben bemerkt, dafs ein feiner fadenförmiger Glaskörpervorfall, der dem Instrumente bei seinem Austritt aus dem Auge folgt, sich in die Wunde legen und so zur Bahn wird, auf welcher die Infektion, noch lange nach der Operation, von aufsen ins Augeninnere dringen kann.

Alle diese Beobachtungen haben ihre grofse Bedeutung und fordern zu vielseitigen, äufserst genauen Vorsichtsmafsregeln bei der Operation des Nachstars auf. Vor allen Dingen darf die Discission der Extraktion nicht allzurasch folgen. Wir müssen dem Auge zwischen beiden Eingriffen einige Wochen Ruhe geben, sonst laufen wir Gefahr, durch das Kumulieren der operativen Eingriffe, einen Reizzustand zu schaffen, der — wie wir noch sehen werden — die Infektion zweifellos begünstigt. Von diesem Standpunkte aus werden wir auch alles Ziehen und Zerren an Iris und Corpus ciliare vermeiden.

Die Hauptsache aber wird immer die minutiöseste Beobachtung der antiseptischen Regeln sein. Offen gestanden, gehen wir bei einer Discission womöglich noch sorgfältiger zu Werke, als bei der Extraktion. Auch die Nachbehandlung erfordert nach unserer Ansicht, wenn auch weniger Zeit, doch gerade so viele Vorsicht, wie die Staroperation selbst.[2] Zeigt sich bei guter Beleuchtung die geringste Spur von Glaskörper in der Wunde, so thut man jedenfalls gut, nach KNAPPs Vorgehen, denselben mit dem Galvanokauter zu zerstören.

---

[1] Internat. Ophth. Kongrefs, Heidelberg 1888, p. 172 des Berichtes.

[2] »Le traitement consécutif de la discission doit être assez prolongé et le malade tenu en observation jusqu'à ce que toute menace d'iritis ait disparu; ans ces précautions, on s'expose à de graves complications.« *Eperon.*

»My main feeling now is, that I want to make very sure, before performing discission that there has been no former disease of the vitreous.« *Culver.*

Die tägliche Erfahrung scheint uns darzuthun, dafs den verschiedenen Teilen des Sehorgans eine sehr verschiedene Empfänglichkeit für die Infektion zukommt. Und zwar nimmt dieselbe von aufsen nach innen zu. Die äufseren Teile, die beständig allen möglichen Insulten ausgesetzt sind, zeichnen sich durch resistente Epithelien, durch reichliche Blut- und Lymphzirkulation aus und fallen so der Infektion selten anheim. Umgekehrt sind die in der Tiefe liegenden Teile für dieselbe um so empfänglicher, je mehr sie unter normalen Verhältnissen durch ihre Lage gegen dieselbe geschützt sind.

Nehmen wir zum Beispiel die Augenlider: Wie tiefgreifende Operationen haben wir nicht an denselben vorzunehmen, und wie selten hatten wir, selbst in der vorantiseptischen Zeit, Mifserfolge zu beklagen, wenn wir dabei auch nur mit der gewöhnlichsten Reinlichkeit zu Werke gingen. Dasselbe gilt zum Teil auch von den Konjunktival- und Muskeloperationen. — Und die Hornhaut, immerfort in Kontakt mit der umgebenden Luft und dem Konjunktivalsekrete, dem Träger aller möglichen Bakterien und Kokken, widersteht sie, von ihrem Epithelium geschützt, nicht siegreich den verderblichsten aller Infektionskeime, die sich auf der Bindehaut entwickeln?

Gehen wir aber weiter ins Innere des Auges, so ändern sich die Verhältnisse. Wir finden hier allerdings auch noch schützende Membranen. Dieselben sind aber nicht mehr so widerstandsfähig wie die Epidermis, wie die Epithelien der Conjunctiva und der Cornea. Wir haben gesehen, dafs die die Hinterwand der Hornhaut auskleidende Membran geradezu zerstört wird durch chemische Agentien, welche der Vorderfläche durchaus nichts anzuhaben vermögen. Die Empfindlichkeit der Iris, die Leichtigkeit, mit welcher sich Infektionskeime in den Kortikalmassen der Linse entwickeln, sind uns nur zu wohl bekannt.[1]

Mit dem Glaskörper sieht es noch bedenklicher aus. Die

---

[1] Vergl. CHIBRET, *Arch. d'opht.* XII. p. 434, 444 u. f.

Hyaloidea ist ja wohl ein vortrefflicher Schild und schützt das zarte Organ wundervoll — so lange sie intakt ist. Aber leider ist diese Membran gar dünn und leicht zerreifslich; und ist sie einmal geborsten, so ist der Glaskörper dem bösen Feinde schutzlos preisgegeben. Der Glaskörper aber ist das Zentrum des Auges. Die Infektion desselben kommt dem Untergange des ganzen Organes gleich.

Das ist der Grund, warum wir zu allen Zeiten nicht nur den Glaskörperverlust, sondern schon seinen Vorfall, sein einfaches Sichtbarwerden in der Wunde als ein unheimliches Ereignis angesehen haben. Aus derselben Ursache halten wir auch die Discission und alle die Operationen, welche, wie sie, dies für die Infektion vielleicht empfänglichste Gewebe des Auges in direkte Verbindung mit der Aufsenwelt bringen, für durchaus nicht bedeutungslose, sondern geradezu gefährliche chirurgische Eingriffe.

Wir haben früher schon Gelegenheit gehabt, von anderen Operationen zu sprechen, welche die Staarextraktion häufig nach sich zieht. Es sind dies die Zerstörung eines Irisvorfalles durch **Kauterisation**, die **Abtragung** oder die **Excision** desselben.

Die erste dieser Operationen ist sehr einfach und bei ganz kleinen Einklemmungen nicht gerade gefährlich. Dem ist aber nicht mehr so, wenn es sich um ausgedehnte Vorfälle, um wirkliche Irishernien handelt. Oder sollten wir immer ungestraft das feurige Eisen in die sozusagen als ein **Noli me tangere** bekannte Ciliarregion bringen können? — Aufserdem ist nicht zu vergessen, dafs, wenn wir auch den über das Niveau des Bulbus hinausragenden Teil der Iris zerstört haben, die Einklemmung und Einheilung derselben in die Narbe mit den ihr anhaftenden Gefahren (Sekundärglaukom etc.) eben doch fortbesteht.

Um diesem Übelstande vorzubeugen, nimmt PANAS in solchen Fällen die radikale Excision des ganzen Prolapsus mit Messer und Schere vor. Diese eingreifende Operation erheischt selbstverständlich eine tiefe Narkose, sonst würde

man Gefahr laufen, aus der klaffenden, sehr unvollkommen
schliefsenden Wunde den Glaskörper herausstürzen zu sehen.
— Die Verheilung einer solchen Excisionswunde geschieht
natürlich nicht sehr rasch. Das Innere des Auges bleibt also
eine beträchtliche Zeitlang der Infektion ausgesetzt.

Müssen wir denn auch PANAS' Verfahren unzweifelhaft
als ein kühnes und radikales bezeichnen, so scheint uns dasselbe denn doch die einfache Extraktion, die es zu ergänzen bestimmt ist, nicht wenig zu komplizieren.[1]

Nach allem, was wir eben gesehen und überlegt haben,
sind die Sekundäroperationen samt und sonders — vielleicht mit
der einzigen Ausnahme des Anbrennens einer Iriseinklemmung,
das aber eben seinen Zweck nur sehr unvollkommen erfüllt —
sind sie alle eingreifender als die Extraktion selbst.

Ist dem aber also, so folgt daraus der Schlufs, dafs die-
jenige Extraktionsmethode die empfehlenswerteste ist, welche
das Auge am wenigsten den Gefahren der Sekundäroperationen
aussetzt.

Unter sonst gleichen Umständen bietet die Iridektomie,
namentlich die präliminäre Iridektomie, diese Garantie in hohem
Grade: Sie erleichtert die Entfernung der Starreste, erweitert
das Pupillargebiet (was man ihr von gewissen Seiten zum
Vorwurf macht!), verhindert, richtig ausgeführt, den Irisvorfall,
oder macht ihn wenigstens äufserst selten.

Niemand wird leugnen, dafs die Iridektomie an einem
noch intakten Auge eine viel unschuldigere Operation ist, als
die sekundäre Excision oder die Discission, eben weil das
Innere des Auges noch durch das Linsensystem gegen Infektion
geschützt ist. Die Kollegen, die eine Panophthalmie auf
sechzehn, ja eine auf elf Discissionen zu verzeichnen haben,
und diejenigen, welche uns mitteilen, dafs sie dieselbe für
eine gefährliche Operation halten, die ihnen mancherlei Unglück

---

[1] »Je me défie profondément de l'excision, même avec l'asepsie«, sagt
GAYET (p. 132 des *Berichtes des internationalen Ophth. Kongresses vom
Jahre 1888*), »si elle n'entraîne pas de phlegmon, elle peut provoquer de
graves accidents ciliaires.«

gebracht, ja selbst Augen gekostet hat, sie alle erwähnen kaum die Resultate ihrer Iridektomie, eben weil sie es als selbstverständlich betrachten, dafs man bei einer so unschuldigen Operation, wie die Iridektomie, keine Mifserfolge habe.[1]

Der Verband.

Obschon einige Operateure versucht haben, sich nach der Extraktion jeglichen Verbandes zu entschlagen, und andere, wie Professor MICHEL[2] und Dr. ALT in St. Louis,[3] ihre Staroperierten gleich nach Hause gehen lassen und ambulatorisch behandeln, so glauben wir doch, die Ansicht der grofsen Mehrzahl der Fachgenossen auszusprechen, wenn wir behaupten, dafs Ruhe und ein schützender Verband für eine rasche und glatte Heilung von höchstem Werte sind.

So hat denn auch CHISOLM, trotz seines Bestrebens, die Nachbehandlung auf das Minimum zu reduzieren, doch für gut befunden, wenigstens das operierte Auge zu bedecken und die Patienten in der Klinik zu behalten.[4]

Ruhe und vorsichtige Pflege scheinen uns besonders in den Fällen indiziert, wo keine Iridektomie gemacht worden ist. Wir können diesen Gedanken nicht besser ausdrücken, als mit den Worten GAYETs vom internationalen Kongresse zu Heidelberg: »Une fois l'opération finie ... si le patient

---

[1] »Les Iridectomies ont toutes guérie en trois ou quatre jours avec la plus grande facilité.« TROUSSEAU, Compte-rendu de la clinique des Quinze-vingts. 1890—91, p. 21.

[2] »Ich führe die Extraktion ambulatorisch mit Iridektomie aus.« *Michel*.

[3] »I operate according to circumstances in my office or before the class in the dispensary and allow the patient to go home, either on foot or in the car, and let him come to my office for after treatment», sagt Dr. ALT, der ohne Iridektomie extrahiert, in *St. Louis weekly med. Review*. Dez. 12 1891, p. 463.

[4] »CHISOLM laid great stress upon two points in the after treatment of cataract extraction. The first is the closing of only the eye operated, the second the closing of the eye operated upon by a slip of isinglass-plaster, so diaphanous that light would readily pass through it to the retina.« *IX. Congres. internat. des sciences medicales*. Washington 1887, p. 709.

vient à faire un mouvement spasmodique des paupières. .
nous voyons l'accident redouté» (den Irisvorfall). »Il y a donc
de ce chef une cause d'enclavement; nous y parons par le soin
que nous mettons à assurer le calme profond du malade
aussitôt après son opération. Sur ce point nous approuvons
les soins les plus méticuleux et les précautions en apparence
les plus ridicules. Nous comprenons que le patient ne quitte
pas le lit où il a été opéré,[1] qu'il soit seul dans l'obscurité
et le silence, gardé par une personne dont le pas et les
allures lui sont familières et que, s'abandonnant à la simple
vie végétative, il laisse couler les heures dans une calme
somnolence. Nous voudrions qu'il pût dormir 48 heures et
ne pas se réveiller, car le réveil est toujours un moment de
surprise dangereuse. S'il a des besoins à satisfaire, il faut le
laisser s'y livrer dans des poses naturelles et faciles, toute
contrainte pouvant amener le spasme. En un mot, il faut
revenir aux précautions d'autrefois, dont nous avions eu peut-
être trop de tendance à nous écarter.«

Der einfache gesunde Menschenverstand spricht aus dem
Munde des beredten Meisters. Nichts scheint uns selbst-
verständlicher, als dafs die beste Garantie gegen das Vorfallen
der Iris und für eine rasche Heilung die Ruhe ist. Müfsten
wir uns selbst einer Staroperation unterziehen, so würden
wir den Operateur geradezu bitten, unser Auge mit einem
soliden Verbande gegen die unwillkürlichen Bewegungen
unserer eigenen Hand sowohl, als gegen andere von aufsen
drohende Beschädigungen zu schützen; was wir aber für uns

---

[1] Professor PFLÜGER schreibt uns ebenfalls, dafs er den Irisvorfall häufig
als Folge der von dem Patienten gleich nach der Operation ausgeführten
Bewegungen beobachtet habe. Er operiert deshalb seine Patienten nur mehr
in dem Bette, in welchem sie während der folgenden Tage ruhig liegen zu
bleiben haben.

»Die Fachgenossen, die ›modern‹ genug geworden sind, um ihre Katarakt-
Operierten gleich nach Hause gehen zu lassen und sie ambulatorisch zu
behandeln, thun jedenfalls besser, sich an die Iridektomie zu halten«, fügt
unser Berner Kollege mit Recht bei

selbst als wünschenswert erachten, glauben wir unseren Schutzbefohlenen nicht verweigern zu dürfen.

Man trifft allerdings ausnahmsweise einmal Patienten, die unruhiger sind, wenn man sie in ihrem Bette sich selbst überläfst, als wenn man ihnen gestattet, sich mit ihren Angehörigen zu unterhalten. — Für andere bilden hohes Alter und Gesundheitszustand überhaupt ein Hindernis für längeres unbewegliches Liegen. Es versteht sich von selbst, dafs man den ersteren erlauben wird, sich Geschichten erzählen oder vorlesen zu lassen, während man die letzteren im Bette aufsitzen, ja selbst im Zimmer wird sich bewegen lassen, soweit es ihnen angenehm und wohlthätig ist. Allerdings scheint es uns in solchen Fällen nicht geraten, sich der Iridektomie zu entschlagen, denn die einfache Extraktion erfordert eben absolute Ruhe.[1]

Was den Verband anbelangt, so soll er das Auge schützen, ohne demselben lästig zu sein, namentlich aber ohne auf dasselbe einen Druck auszuüben, der einer guten Adaptation der Wundränder hinderlich werden könnte. Dies Ziel läfst sich auf verschiedene Weise erreichen, und wir sind der Ansicht, dafs es jedem Operateur überlassen bleiben soll, den Verband zu wählen, der ihm für jeden gegebenen Fall am passendsten erscheint.

Wir pflegen beide Augen mit einem ovalen Gazeläppchen zu bedecken und die den Augapfel umgebenden Höhlungen mit hydrophiler Watte so auszufüllen, dafs eine darüber angelegte Gazebinde eine glatte Oberfläche bildet, ohne das Auge irgendwie zu pressen. Jedes Verbandstück, das mit dem Auge in Berührung kommt, ist durch Hitze sterilisiert, also vollkommen aseptisch.

In der weitaus gröfsten Zahl der Fälle bedecken wir beide Augen. Der Verband hält einerseits besser, und der Patient befindet sich andererseits in einem Halbdunkel, das

---

[1] On fera une iridectomie à tout malade, qui ne peut supporter de rester couché pendant trois jours sans bouger.« *Pflüger.*

uns gestattet, sein Zimmer nicht ganz zu verfinstern. Es ist dies für die Reinlichkeit, Ordnung und Lüftung ein nicht zu unterschätzender Vorteil.

Selbstverständlich läfst sich die um den Kopf angelegte Binde sehr wohl durch Pflasterstreifen ersetzen, welche, an Stirne, Schläfe und Wange haftend, den Verband in richtiger Lage erhalten und den Kopf im übrigen freilassen. (SNELLEN.)

In der letzten Zeit haben wir uns eines Drahtgitters bedient, welches das operierte, nur leicht mit Watte bedeckte Auge vorzüglich beschützt und mittelst zweier um den Kopf geschlungener Bänder festgehalten wird. Wir verdanken diesen empfehlenswerten Apparat unserem ausgezeichneten Freunde Professor FUCHS, welcher denselben erfunden und schon seit 1883 in seiner Klinik angewendet hat.[1] Die kleine Maske läfst sich leicht auf chemischem Wege oder durch überhitzten Dampf aseptisch machen. Ihre Ränder garnieren wir jedesmal mit sterilisierter Watte.

Überzeugt von der Wichtigkeit der Ruhe zu einer normalen Heilung, lassen wir den Verband solange als thunlich, drei, vier, ja fünf Tage lang, liegen. Hierauf werden die Augen gründlich ausgewaschen und, jedenfalls das operierte, neu verbunden. Später versehen wir beide während des Tages mit einer dunklen Muschelbrille.

Von dem Gedanken ausgehend, dafs die Wirkung jedes zur Sterilisierung des Auges verwendeten Antiseptikums nach einer gewissen Zeit erlöscht, rät CHIBRET,[2] den Verband nach 24 Stunden durch eine blaue Brille zu ersetzen, das operierte Auge nur leicht mit Watte zu bedecken, aber jeden Tag mit seiner Cyanquecksilberlösung auszuwaschen. Er läfst dabei seine Patienten frei umhergehen, empfiehlt ihnen nur, zu starkes Licht zu vermeiden.

---

[1] FUCHS in *Cincinnati Lancet* 1888, p. 518. Vergl. auch PROUT. *The American Journal of Ophthalmology*. Nov. 1890.

[2] CHIBRET. l. c., p. 442.

Antisepsis und Asepsis.

Nur ganz vereinzelte Stimmen erheben sich noch gegen die Antisepsis, indem sie dieselbe als überflüssig,[1] durch das »reine Quellwasser der Hauptstadt ersetzbar«, oder gar, mit der gesamten »Germtheory«, also »repugnant to common sense«[2] erklären. Abgesehen von diesen wenigen Ausnahmen, erkennen die Fachgenossen einstimmig in der Antisepsis und Asepsis die Ursache der gröfsten Fortschritte, welche die Chirurgie je gemacht hat. Selbst ganz einfache Operationen, wie wir sie an den Lidern und Augenmuskeln vornehmen, und die auch in früheren Zeiten nie von erheblichen Komplikationen gefolgt waren, selbst sie heilen viel rascher und reizloser, seit wir bei deren Ausführung und Nachbehandlung die Prinzipien walten lassen, die LISTER, geleitet von PASTEURs bahnbrechenden Arbeiten, zuerst in der Chirurgie angewandt hat.

Aber am allermeisten ist der Staroperation diese segensreiche Entdeckung zu gute gekommen. Wir lächeln jetzt über die Begeisterung, mit welcher ein berühmter Chirurge nach den 27 ersten, unter LISTERschen Vorsichtsmafsregeln gemachten Staroperationen ausrief: »Sur vingt-sept extractions de cataracte, il n'y a pas eu une suppuration de la cornée, ni de l'œil entier. Le nombre n'est pas bien considérable, mais une telle série de cas heureux ne s'est jamais observé dans l'hôpital, où j'ai à faire la plupart de ces opérations.«[3]

Wir zweifeln auch nicht, dafs, dank der Verbesserung der antiseptischen Methoden, diese »glückliche Serie« unseres hochverehrten Kollegen noch um ein Beträchtliches angewachsen sei. In der That zählt man jetzt nach Hunderten

---

[1] »Pour moi la technique opératiore est tout, et c'est pour avoir été inhabiles, que nous accusons plus tard les microbes d'un rôle, que nous avons joué nous-mêmes.« *Wolfe.* Ann. d'oc. Nov. 1891.

[2] Wir entnehmen diese Ausdrücke gewissen auf unsere Fragebogen eingegangenen Antwortschreiben.

[3] ROSSANDER, Nya områden för den Antiseptiska sårbehandlingen *Hygiea* 1879.

die Erfolge, ehe ihre Reihe durch einen Verlust unterbrochen wird. Die vergleichenden Statistiken, welche die Fachgenossen aller Länder und Völker veröffentlicht haben, sind zur Genüge bekannt. Sie thun mit Zahlen dar, wie überraschend günstig der Einflufs dieser Errungenschaften der Chirurgie für unsere Operation gewesen ist. In unumstöfslicher Weise geht dies auch aus all' den Briefen und mündlichen Mitteilungen hervor, die mir von Fachgenossen zugegangen sind.

Wir selber können mit vollster Überzeugung nur wiederholen, was wir einst bei der Eröffnung eines Operationskurses unseren Schülern gegenüber ausgesprochen haben:

»Bien plus importants encore que l'anesthésie locale, sont les avantages, que nous tirons de l'asepsie. Elle est un véritable, un immense bienfait, un bienfait, si grand, que jamais les générations futures ne sauront l'apprécier à sa juste valeur; car elles n'auront pas vu des yeux absolument bien portants, absolument bien opérés, ou atteints d'une blessure aujourd'hui insignifiante, s'en aller en suppuration, au désespoir du malade, au découragement de l'opérateur.«

Lassen wir uns jedoch von unserer Begeisterung nicht allzuweit hinreifsen. So siegreich auch die Infektion aus dem Felde geschlagen scheint, so ist sie doch nicht gänzlich überwunden. Sie taucht wohl noch hin und wieder einmal auf, und das in um so betrüblicherer Weise, je weniger wir darauf gefafst waren.[1]

Wir brauchen aber andererseits solch trauriger Überraschungen wegen auch nicht zu verzagen. — Die Entdeckung

---

[1] »Ich hatte schon vor Einführung einer sachgemäfsen Antisepsis verhältnismäfsig günstige Resultate«, schreibt mir Professor SATTLER »(3 bis 4°/o Verluste); jetzt kommt auf 100 noch nicht 1 Fall von Eiterung; aber dieselbe ganz und gar aus der Welt zu schaffen, ist mir so wenig gelungen, als irgend einem anderen Sterblichen. So verschwindend selten solche Dämpfer unserer vermeintlichen Sicherheit aufgedrückt werden, so erinnern sie doch an die Unvollkommenheit menschlicher Vorkehrungen, also hier speziell der Augenantisepsis.«

der infektiösen Krankheitskeime ist noch so neu, dafs die Unvollkommenheit unserer Kenntnisse in dieser Hinsicht weder etwas Überraschendes, noch Beschämendes, noch Entmutigendes haben kann. — Arbeiten, studieren, beobachten wir unentwegt weiter, jeder auf seinem Gebiete, der Gelehrte im Laboratorium, der Kliniker am Krankenbette! — Machen wir uns der eine des anderen Entdeckungen zu nutze! Aber hüten wir uns davor, uns gegenseitig Theorien abzuborgen! —

Die Theorie ist eine Sprache, welche nur der Eingeweihte versteht und die den Profanen Thorheiten sagen und begehen läfst. Sie ist die Notbrücke, die der Entdecker schlägt, um nach einem noch unbekannten Lande zu gelangen. Wer sich derselben mit Sicherheit glaubt bedienen zu können, läuft Gefahr, damit einzubrechen oder auf falsche Wege zu geraten.

Wir enthalten uns denn auch, in diesem rein praktischen Artikel in die Details der Bakteriologie einzugehen. Wir werden uns strikte auf dem klinischen Gebiete halten und versuchen, in einfachster Weise das zusammenzufassen, was die Erfahrung als für unsere Kunst nützlich dargethan zu haben scheint.

Mit der Antisepsis bezwecken wir, das Organ, das wir operieren, vor Infektion zu sichern. Nun scheint es aber unzweifelhaft, dafs gewisse Infektionskeime, und nicht etwa die ungefährlichsten, in dem menschlichen Organismus selbst enthalten sein und von Körperteilen in das Auge gelangen können, die von demselben weit abgelegen sind.[2]

Falls es sich nicht um Geschwüre, Abscesse, um eine Osteomyelitis, oder eine andere Erkrankung handelt, deren Heilung wir abwarten können, ehe wir zur Operation schreiten, so sind wir dieser Selbstinfektion gegenüber zur Stunde noch wehrlos. Allerdings ist es nur um so wichtiger, vor jeder Staroperation den ganzen Patienten genau zu untersuchen

---

[2] Vergl. namentlich PANAS, *Franz. Chirurgen-Kongrefs* in Paris 1892.

und alle die Schäden, die Infektionskeime zu erzeugen im stande sind, gründlich zu heilen.

Glücklicherweise ist diese noch etwas dunkle Art der Infektion sehr selten. Bei weitem am häufigsten kommt dieselbe von aufsen. Ihre Träger finden sich auf der Haut und in den Haaren des Patienten. Sie bergen sich im Konjunktivalsekrete und wimmeln geradezu im Thränensacke.

Wir haben sie ferner zu suchen an den mit dem zu operierenden Auge in Berührung kommenden Gegenständen: den Händen des Operateurs, den Instrumenten, dem Verbandzeuge, in dem zur Reinigung dienenden Wasser sowohl, als in den Kollyrien.

Wie wir schon oben bemerkt haben, bilden Epithelien und Endothelien Schutzmembranen, welche auch sehr infektiösen Keimen erfolgreichen Widerstand zu leisten vermögen. Dieser schirmenden Hülle beraubt, wie dies bei einer Wunde der Fall ist, steht das Organ dem Feinde wehrlos gegenüber. Um dessen verhängnisvolles Eindringen zu verhindern, gilt es also, während der Operation und bis zur Vernarbung der Wunde die deletären Microben soviel wie möglich von dem Organe fern zu halten.

Vor allen Dingen mufs also jedes Objekt, das mit dem Auge in Berührung kommt, von solchen Keimen frei sein.

Es giebt nun zwei Mittel, um zu dieser Asepsis zu gelangen. Das erste, das sicherste, ist die Hitze. Kein Organismus widersteht einer Temperatur von 120^0. Dies Faktum scheint unumstöfslich bewiesen zu sein.

Neben der Hitze besitzen wir gewisse Substanzen, welche in einer Lösung von gegebener Konzentration, nach längerer oder kürzerer Zeit alle bekannten Keime auf chemischem Wege lebensunfähig machen.

Es versteht sich allerdings von selbst, dafs, was einen Organismus zu zerstören im stande ist, auch den Tod eines anderen herbeiführen kann; und manche Bakterie hat ein zäheres Leben als eine normale Zelle. Die Schwierigkeit liegt also darin, die Infektionskeime wirksam zu bekämpfen, ohne dem zu operierenden Organe Schaden zuzufügen, in der Rüstkammer chemischer Agentien eines zu finden, das nur eine Schneide besitzt, oder, wenn es deren zweie hat, nur die gegen den Feind gerichtete zu benutzen.

Betrachten wir erst die Hände des Operateurs. Ertragen dieselben auch nicht die Hitze des Sterilisators, so kann und mufs man sie energisch auf chemischem Wege zu desinfizieren suchen. Wir werden sie vorerst gründlich mit heifsem Wasser und Seife, mit Bürste und Nagelräumer bearbeiten. Hernach empfiehlt es sich, das Fett durch absoluten Alkohol davon zu entfernen und sie in einer starken antiseptischen Lösung[1] zu sterilisieren. Wünscht man sie zu trocknen, so mufs dies jedenfalls mit einem ebenfalls sterilisierten Tuche geschehen. Die meisten Chirurgen halten es für sicherer, die Hände höchstens noch in eine abgeschwächte antiseptische Lösung zu tauchen und dann sofort an die Operation zu gehen.

Mir ist es unangenehm, mit feuchten Händen zu operieren. Da ich jedoch fürchte, dieselben beim Abtrocknen, namentlich aber bei unwillkürlichem Berühren irgend welcher nichtsterilisierter Gegenstände, zu infizieren, so berge ich meine Hände, sowie sie aus der antiseptischen Lösung kommen, in sterilisierten Handschuhen. Es sind dies nichts anderes als Leinwandsäckchen (mit oder ohne Daumen), die im Autoklav aseptisch gemacht worden sind. Die Hände trocknen darin in aller Sicherheit, ich kann damit alles berühren, ohne die Infektion befürchten zu müssen, und ziehe sie erst aus, wenn ich die Instrumente zur Operation ergreife.

Trotzdem sich die Hände relativ leicht aseptisch machen lassen und bei Augenoperationen eigentlich nie mit der Wunde in direkte Berührung kommen, so halte ich es doch für angezeigt, alle wichtigeren Operationen vorzunehmen, ehe ich mich mit der Praxis abgegeben habe. Ich operiere die

---

[1] Z. B. Sublimat 1 : 1000 oder 1 : 500; auch Quecksilberbiiodür nach PANAS; Listerin, d. h. eine Mischung von Eukalyptol, Menthol und Borsäure nach RANDALL; Resorcin nach ENGLEBIENNE etc.

Privatpatienten des Morgens und die klinischen vor dem Beginne der Konsultationen.

Die Verbandgegenstände, Watte, Gaze, Binden, das oben erwähnte Drathgitter, die Kollyrien, das während der Operation zur Verwendung kommende Wasser, alles wird in einem CHAMBERLANDschen Ofen mit Wasserdampf von 120^0 sterilisiert.

Die Lidhalter, Sonden, Spritzen und ähnliche stumpfe, nicht leicht oxydierbare Instrumente lassen sich auf dieselbe Weise behandeln.

Elfenbeinhefte riskieren in der grofsen Hitze zu springen und Stahl rostet im Wasserdampf. Zur Sterilisierung stählerner Instrumente werden deshalb Öfen empfohlen, die nur heifse Luft erzeugen. Es ist bei denselben aber sehr darauf zu achten, dafs die Temperatur 120^0 nicht überschreitet, sonst könnten unsere feinen Schneiden und Spitzen ihre Härte verlieren. Ein sehr gewandter Instrumentenmacher hat mich versichert, dafs die aufsen an diesen Heifsluft-Sterilisatoren angebrachten Thermometer oft sehr unzuverlässig sind und erst 100^0 angeben, wenn die Temperatur im Innern schon 200^0 erreicht hat.

Man hat auch versucht, die Instrumente einfach durch Einlegen in kochendes Wasser zu desinfizieren. Die Erfahrung scheint diesem überall leicht zu beschaffenden Mittel nicht ungünstig zu sein. Wir dürfen aber nicht vergessen, dafs gewisse pathogene Keime auch bei einer Temperatur von 100^0 ihre Lebensfähigkeit nicht verlieren, heifses Wasser demnach kein absolut sicheres Antiseptikum wäre.[1]

Die Mehrzahl der Fachmänner sucht denn auch die Asepsie der Instrumente auf chemischem Wege zu erreichen. Hierbei stöfst man aber wieder auf eine andere Schwierigkeit, das ist, eine Flüssigkeit zu finden, die stark genug ist, um alle Bakterien unschädlich zu machen, ohne

---

[1] Vergl. u. a. VINAY, *Manuel d'Asepsie*, p. 62. COURBOULÈS, *Thèse de Lyon* 1883. KITT, *Centralblatt f. Bakteriologie* 1883, Vol. III., p. 573.

dabei der Schärfe der Instrumente Eintrag zu thun. So ist z. B. Sublimat ein treffliches Antiseptikum, verdirbt aber in wirksamer Lösung die Instrumente, während die Karbolsäure von letzteren ziemlich gut ertragen wird, aber als Antiseptikum zu wünschen übrig läfst.[1]

Die Substanz, welche bisher diese Bedingungen am besten scheint erfüllt zu haben, ist das Oxycyanquecksilber (Oxycyanure de mercure) in einer Lösung von eins auf hundert, ja auch eins auf zweihundert. CHIBRET hat dasselbe im Jahre 1888 am Kongresse in Heidelberg angegeben, VIGNAL und SATTLER, dessen praktische Vorzüge im Laboratorium bestätigt, und viele Kollegen, worunter auch wir, haben uns desselben bisher zu unserer grofsen Befriedigung bedient.

Wir lassen die Instrumente mindestens 40 Minuten lang in dieser Lösung liegen. Hernach giefsen wir dieselbe ab und ersetzen sie durch sterilisiertes Wasser.

In dem schon erwähnten, letzten Monat in unserem Archiv erschienenen Artikel, empfiehlt CHIBRET, sein Oxycyan-Quecksilber durch einfaches Cyanquecksilber zu ersetzen. Das erstere soll nicht so leicht ganz rein erhältlich sein, wie das letztere, und in diesem Falle den Stahl angreifen. Zehn Minuten Aufenthaltes in einer einprozentigen Lösung von Cyanquecksilber sollen genügen, um die Instrumente vollkommen aseptisch zu machen, ohne denselben irgendwie zu schaden. Sie werden hierauf in eine Lösung von 1 : 1500 derselben Substanz gebracht, da eben die konzentriertere von dem Auge nicht ertragen würde.[2]

[1] Ich erwähne hier nur kurz die mir von Kollegen mitgeteilten, zur Desinfektion der Instrumente verwendeten Substanzen, über die ich aber selbst keine Erfahrung habe: Quecksilberbijodür 1 : 20 000 (PANAS, BOURGEOIS u. a.) — konzentrierte Salicylsäurelösung (DUFOUR) — salicylsaures Quecksilber in Lösung von 1 : 5000 (VACHER) — Hydronaphtol (SWANZY) — Resorcin ENGLELMESNE) — übermangansaures Kali (CRITCHETT) — einprozentige rochened Sodalösung (EVERSBUSCH, DOHNBERG, SCHRÖTER).

[2] Neben der Beobachtung dieser antiseptischen Kautelen empfehlen E. ERSLU CH, NORDENSON und andere Kollegen mit Recht, die Instrumente unmittelbar vor ihrem Gebrauche mit einer starken Lupe zu untersuchen.

Wie man sieht, ist es nach unseren heutigen Begriffen leicht, die Asepsis für unsere Hände, für die zum Verbande nötigen Gegenstände, sowie für die Instrumente zu erhalten. Die Asepsis des Operationsfeldes bietet schon viel gröfsere Schwierigkeiten. Gestatten auch die Haut des Gesichts und der Augenlider, die Cilien und Supercilien, Haar und Bart des zu Operierenden eine ebenso gründliche Reinigung, wie die Hände des Chirurgen, so ist dies für die so zarte Schleimhaut, welche die Innenseite der Augenlider und die Oberfläche des Bulbus bekleidet, nicht der Fall. Diese Schleimhaut bildet aufserdem in den Übergangsfalten, der Plica semilunaris, und den Thränenwegen wahre Receptakel für Microorganismen aller Art[1] und wird der Wunde um so gefährlicher, als sie mit derselben fortwährend in innigster Berührung bleibt.

STEFFAN hat auch sehr richtig darauf aufmerksam gemacht, dafs der Konjunktivalsack viel schwieriger gegen von aufsen kommende Infektion zu schützen ist, als z. B. das Abdomen, da er durch die Thränenkanäle eben immer mit der Nasen- und Mundhöhle in Verbindung steht.

Die Unzahl der zur Desinfektion des Auges vorgeschlagenen Methoden ist der beste Beweis für die Unzulänglichkeit derselben und für die Unsicherheit, in welcher wir uns in dieser Hinsicht noch befinden.

Es fällt uns denn auch schwer, irgend jemanden seines allzugrofsen antiseptischen Eifers wegen zu tadeln; doch will es uns beinahe scheinen, als sei man mancherorts darin etwas zu weit gegangen. So fürchten wir z. B., dafs Kollegen, die jedes Auge vor der Operation mit einer dreiprozentigen Karbol- oder einzehntelprozentigen Sublimatlösung auswaschen, ja ausreiben, die nach der Operation den Konjunktivalsack mit Jodoform oder gelber Quecksilbersalbe füllen u. s. w.,

Man entdeckt so nicht nur eventuelle Fehler an deren Spitze und Schneide, sondern auch minime Fremdkörper, die namentlich den Zähnen der Pinzette trotz des antiseptischen Bades, nicht selten anhaften.

[1] SATTLER, WIDMARK, GAYET, CHIBRET, HAAB, KUHNT.

des Guten etwas zu viel thun und in der allerlöblichsten Absicht gerade das erzeugen, was sie vermeiden wollen.

In der That beweist uns die klinische Beobachtung auf mannigfache Weise, dafs zum Zustandekommen einer Infektion nicht nur Bakterien gehören, sondern auch ein Terrain erforderlich ist, auf dem sie sich entwickeln können. Ja Entzündung, selbst Eiterung kann eintreten ohne Beisein von Mikroorganismen.[1]

Laufen wir nun, wenn wir das Auge stark reizenden Agentien und Manipulationen unterwerfen, nicht Gefahr, einerseits den für Mikroorganismen günstigen Boden, und überhaupt für Entzündung und Eiterung günstige Bedingungen zu schaffen?[2]

Das Geständnis eines vortrefflichen Operateurs, der zu gleicher Zeit ein erfahrener Bakteriologe ist und den Verlust zweier operierten Augen durch Eiterung der zu starken Konzentration eines Antiseptikums zuschreibt, ist in dieser Hinsicht sehr bedeutungsvoll.

Auch eine Beobachtung aus PASTEURS Laboratorium scheint mir hierher zu gehören. HERMANN hat nämlich beobachtet, dafs, wenn er einem Kaninchen erst eine Karbol- oder Sublimatlösung und hernach eine Bakterien enthaltende Flüssigkeit unter die Haut spritzt, sich die pathogenen Keime viel energischer entwickeln, als wenn das Gewebe vorher keiner antiseptischen Injektion ist unterworfen worden.[3]

Es ist deshalb jedenfalls geraten, sich hier, wie überall, wo sich die Therapeutik noch auf unsicherem Gebiete bewegt, des alten, aber immer noch richtigen Satzes zu erinnern: *Τὸ δὲ πρῶτον τὸ μὴ βλάπτειν*, »Primum non nocere!«[4]

Wir werden denn auch zur Reinigung des Auges vor allem das Antiseptikum wählen, das von demselben am leichtesten ertragen wird.

[1] LEBER. *Die Entstehung der Entzündung.* Leipzig 1891.
[2] Vergl. CHIBRET, l. c., p. 445.
[3] HERMANN, *Annales de l'Institut Pasteur* 1891, p. 243.
[4] Siehe auch BARDE, *Compte rendu pour l'année 1891*, p. 14.

Es will mir aufserdem scheinen, dafs der unleugbar günstige Einflufs, den die sogenannten antiseptischen Methoden auf unsere Operationen ausüben, bei weitem nicht nur der baktericiden Kraft der angewandten Lösung, sondern zu einem guten Teile auch der mechanischen Wirkung derselben, der einfachen Auswaschung, zuzuschreiben ist. Wir töten vielleicht weniger die Mikroorganismen, als dafs wir sie mit dem Schleimhautsekrete, dem abgestofsenen Epithel und anderem Schmutze, welcher unter den Augenlidern, in den Konjunktivalfalten liegt, sie beherbergt und ihre Entwickelung begünstigt, hinausfegen, waschen, schwemmen.[1]

Mein hochverehrter Freund SATTLER schreibt mir, dafs, wenn man ein Auge längere Zeit unter einem Sublimatverbande (1 : 5000) hält, sich von dessen Konjunktiva ein feines Häutchen abziehen läfst, welches Epithelzellen und Mikroorganismen in Menge enthält.

Wir werden deshalb das zu operierende Auge vor allen Dingen gründlich auszuwaschen haben, uns aber nicht nur hüten, mit unreiner Flüssigkeit Krankheitskeime ins Auge zu bringen, sondern auch dasselbe auf mechanischem oder chemischem Wege zu verletzen, oder in einen Reizzustand zu versetzen, der mit oder ohne Bakterien der Ausgangspunkt eines pathologischen Prozesses werden kann.

Es ist unmöglich, ja wohl auch unnötig, hier alle die Lösungen aufzuzählen, welche zur Desinfektion des Auges im Gebrauche sind. Des gröfsten Zutrauens erfreut sich unzweifelhaft die von SATTLER vorgeschlagene Sublimatlösung in einer Konzentration von 1 : 5000. Die resistentesten Microorganismen scheinen darin ihre Lebensfähigkeit in kurzer Zeit einzubüfsen. Sie reizt das Auge mit seltenen Ausnahmen nur wenig, namentlich wenn sie lau zur Anwendung kommt, wodurch ihre antiseptische Wirkung erhöht wird. — PANAS empfiehlt Quecksilberbiiodür, welches in einer Lösung von 1 auf 20000 ebenso antiseptisch, aber für das Auge

---

[1] Vergl. DIANOUX, Ann. d'oc. März 1892.

weniger reizend sein soll, als die SATTLERsche Flüssigkeit.
— SCHMIDT-RIMPLER giebt der Aqua chlorata den Vorzug.
— Nach CHIBRET[2] kommt einer wässerigen Lösung von
1 : 1500 Cyanquecksilber, der eine gewisse Quantität
Kochsalzlösung (1 : 7000) beigegeben ist, eine ebensostarke
bakterientötende Wirkung zu, als einer Lösung von 1 : 1500
Sublimat; aufserdem soll dieselbe die Schleimhäute dreimal
weniger affizieren, als das Quecksilberchlorid. — Die schon
in den ersten Zeiten der ophthalmologischen Antisepsis von
SCHMIDT-RIMPLER benutzte Borsäure wird auch in konzentrierter Lösung von dem Auge gut ertragen, scheint aber in
rein antiseptischer Hinsicht den obgenannten Quecksilbersalzen
nachzustehen. An und für sich aseptisch, ist sie dagegen,
wie die physiologische Kochsalzlösung oder sterilisiertes
Wasser, zur mechanischen Reinigung des Auges während
und nach der Operation vorzüglich geeignet. Andere, wirksamere Substanzen könnten, wie schon erwähnt, im Inneren
des Auges zu unangenehmen, ja gefährlichen Erscheinungen
Veranlassung geben.

Bei der Vorbereitung des Auges zur Operation verdienen die Thränenwege eine ganz besondere Berücksichtigung, da von denselben die verhängnisvollste Ansteckung der
Wunde ausgehen kann. Man wird sie also jedenfalls mit
einer der angegebenen Lösungen ausspritzen. Sollte es sich
zeigen, dafs eine Verlegung der Thränenwege, oder gar
eine Dakryokystoblennorrhoe vorhanden ist, so wird man mit
der Staroperation bis zu deren Heilung zu warten haben,
will man sich nicht der Infektion der Wunde mit ihren
Folgen aussetzen.

Da, wie schon bemerkt, auch bei nicht-ausgesprochener
Erkrankung der Thränenwege, dem Auge von denselben aus
immer eine gewisse Gefahr droht, so pflegen manche Kollegen
den inneren Augenwinkel nach der Staroperation mit Jodo-

---

[2] CHIBRET, L'antisepsie par le cyanure de mercure. *Arch. d'opht.*
1892, p. 437.

form auszufüllen. Wir würden dazu fein gepulvertes Jodol vorziehen, da vielen Patienten der Jodoformgeruch geradezu unausstehlich ist. — HAAB geht noch radikaler vor und verödet die Thränenkanälchen mit einer galvanokaustischen Spitze, DEUTSCHMANN frischt sie an und vereinigt sie mit einigen Suturen, bei dem geringsten Verdacht einer Erkrankung des Thränensackes.

Was die Konjunktiva betrifft, so begnügen wir uns nicht damit, einige Tropfen antiseptischer Flüssigkeit in das Auge zu bringen, sondern wir spülen dieselbe bis in ihre kleinsten Falten mit einem der erwähnten Antiseptika gründlich ab. GAYET bedient sich dazu eines Lidhalters mit hohlen, vielfach perforierten Branchen. Während derselbe im Auge liegt, läfst er ihn von der betreffenden Lösung (gewöhnlich Sublimat 1 auf 6000) durchströmen. — Der kräftige Strahl eines Irrigateurs thut wohl denselben Dienst.

Aufserdem reibt unser Lyoner Kollege, wie auch CHIBRET, KUHNT u. a., den Konjunktivalsack noch mittelst eines mit derselben Lösung getränkten, von einem Stiele getragenen Wattebausches aus.

Es empfiehlt sich, die antiseptische Reinigung des Auges schon am Vorabende der Operation vorzunehmen, hierauf einen antiseptischen Verband anzulegen und die Prozedur unmittelbar vor der Operation noch einmal zu wiederholen.[1]

Den antiseptischen und aseptischen Mafsregeln, die wir eben nur angedeutet haben, die aber noch mannigfache Modifikationen zulassen, haben wir es hauptsächlich zu danken, dafs die Kataraktoperation heutzutage Erfolge aufweist, die man vor nur dreifsig Jahren nicht einmal zu hoffen gewagt hätte. Professor MANZ kann denn auch nicht mit Unrecht

---

[1] NUEL hat die Beobachtung gemacht, dafs häufig nach Wegnahme des Binoculus das nicht-operierte Auge gereizter ist und mehr sezerniert, als das operierte. Er schreibt diese Erscheinung der Thatsache zu, dafs eben das nicht zur Operation kommende Auge nicht so eingehend gereinigt wird, wie das andere, und findet darin eine Ermutigung zu unentwegter Anwendung der Antisepsis.

sagen: "dafs nicht ganz alle Fälle gelingen, wird man wohl der Unvollkommenheit alles menschlichen Schaffens zu gute halten müssen«.

Dürfen wir uns hiemit begnügen, es hiebei bewenden lassen, in der beruhigenden Überzeugung, das Menschenmögliche erreicht zu haben? — Ich glaube es nicht. Nach dem Geständnisse Aller, haben wir doch immer noch hie und da einmal einen Verlust zu verzeichnen und daneben gar nicht so selten halbe Verluste, die wir allerdings euphemistischerweise »halbe Erfolge« nennen.

Es steht zu hoffen, dafs wir namentlich die Zahl der letzteren noch beträchtlich herabsetzen werden. Aufser dem Guten« giebt es immer noch ein »Besseres«, das, wenn es wirklich diesen Namen verdient, nicht, wie die Franzosen sagen, der Feind des Guten ist.

Wie werden wir aber zu noch weiterer Verbesserung der Resultate unserer Operation gelangen können?

In erster Linie wird die Bakteriologie, namentlich aber ihre Anwendung in der Praxis, noch bedeutende Fortschritte machen. Es wird uns gelingen, unsere Operierten in einfacherer und doch noch wirksamerer Weise gegen die sogenannte Infektion zu schützen.

Wir dürfen aber andererseits doch auch nicht alles von der Zukunft erwarten und über dem noch Unbekannten das Wohlbekannte nicht vergessen.

So werden wir uns z. B. durch den Erfolg der lokalen Antisepsis nicht der Art blenden lassen, dafs wir daneben die allgemeine Körperpflege des Patienten vernachlässigen würden. Dem richtigen Chirurgen wird es immer widerstehen, einen unreinen Menschen in unreinlicher Umgebung zu operieren; ist doch die Antisepsis im Grunde nichts anderes, als die bis zum Idealen getriebene Reinlichkeit.

Nichts ist denn auch gerechtfertigter, als den Patienten einer gründlichen allgemeinen Reinigung zu unterziehen, bevor man zur Operation seines Auges schreitet. Oft genug macht man hiebei auch Entdeckungen, die für die Ätiologie der

Katarakt, namentlich aber zur Anwendung spezieller Vorsichtsmafsregeln während und nach der Operation von grofser Wichtigkeit sind.

Unser japanischer Kollege INOUYE geht hierin mit dem guten Beispiele voran, indem er vor jeder Extraktion selbst ein Vollbad nimmt und auch seine Assistenten ein solches nehmen läfst.

Da, wie wir wissen, die Haare besonders häufig die Träger von Infektionskeimen sind, so werden wir den zu üppigen Haarwuchs des Patienten möglichst stutzen,[1] seinen Haarboden reinigen, eventuell, wie FUCHS es thut, seinen Kopf mit einem in eine antiseptische Lösung getränkten Tuche bedecken.

Auch hierbei geziemt es sich, uns selbst nicht zu vergessen; hat doch ein ausgezeichneter Gynäkologe konstatiert, dafs die ohnehin schon günstige Statistik seiner Laparotomien noch bedeutend gewonnen hat, seit er seinen Vollbart während der Operation in einem antiseptischen Beutel trägt. In gleicher Weise teilt uns Herr RANDALL mit, dafs er nicht nur seine Hände mit Seifenwasser und mit Listerin gehörig reinige, sondern auch sein Gesicht und seinen Bart in derselben Weise behandelt.

Beweisen zwar die schönen Statistiken von Kollegen, die, wie z. B. BRETTAUER, genötigt sind, ihre Staroperationen im allgemeinen Krankenhause inmitten schwerer Verletzungen und infektiöser Krankheiten aller Art vorzunehmen, dafs das Luftkontagium wenig zu fürchten ist, so wird doch niemand in Abrede stellen, dafs die Reinheit der Luft für unsere Patienten von ebensogrofser Bedeutung ist, als die ihrer Kleidungsstücke und ihres Bettzeuges.

Obschon wir ferner unsere Operierten so wenig als möglich dem Dienstpersonale überlassen, sondern thunlichst selbst behandeln, so sind wir eben doch nicht die einzigen, welche mit denselben in Berührung kommen. Wir werden

---

[1] BOBONE u. a. läfst den Patienten geradezu rasieren.

denn auch auf die Auswahl und Ausbildung unserer Wärter und Wärterinnen immer gröfsere Sorgfalt verwenden. Oder wie könnten wir den Respekt der Antisepsis von Angestellten verlangen, denen der Begriff von Reinlichkeit und Ordnung abgeht?

Und sind auch, dank der Antisepsis und des Kokains, glückliche Resultate unverdienterweise Händen zu teil geworden, die in früheren Zeiten nicht gewagt hätten, ein Bistouri zu berühren, so wird doch der schulgerecht gebildete und regelrecht operierende Chirurge stets von zahlreicheren und vollkommeneren Effolgen belohnt werden.

Wir können denn auch, wie STEFFAN in der schon oft citierten Arbeit, der heranwachsenden Generation die Pflege auch des rein mechanischen, manuellen Teiles, unserer so segensreichen Operation nicht genug ans Herz legen.[1]

Das Betrachtete zusammenfassend, können wir sagen, dafs die Kataraktextraktion in neuerer Zeit viel ungefährlicher geworden ist, als sie früher war.

Diese Errungenschaft verdanken wir weder der Verbesserung unserer Operationsmethode, noch der Erweiterung unserer Einsicht in die Natur des Leidens, sondern zum Teile der lokalen Anästhesie des Kokains, welche die von der Unruhe des Patienten herrührende Gefahr bedeutend herabsetzt, weit mehr aber noch der Antisepsis, welche uns die viel gröfsere Gefahr der Infektion des Auges bekämpfen hilft.

Daraus folgt aber durchaus noch nicht — wie man nach gewissen modernen Veröffentlichungen glauben könnte — dafs heutzutage alle Katarakten mit der gleichen Leichtigkeit und nach demselben einfachen Verfahren operiert werden können. Weder Kokain, noch Antisepsis, noch alles, was man auf dem

---

[1] WALDHAUER, der während 40 Jahren unsere Kunst mit Meisterhand ausgeübt hat, schreibt die grofse Fertigkeit, die er im Operieren des Stares gewonnen, der Pflege des Stofsfechtens, namentlich aber dem Umstande zu, dafs er seine Hände durch Operieren an Tieraugen und menschlichen Leichen systematisch zu der feinen Ophthalmochirurgie ausgebildet habe.

Gebiete der Chirurgie noch erfinden mag, wird verhindern, dafs zwischen den Augenleiden, die man mit dem gemeinsamen Namen »Katarakt« bezeichnet, grofse Unterschiede bestehen. — Je nach der Ursache der Linsentrübung, je nach dem Alter, der Konstitution, dem Charakter des Individuums, dem sie angehört, je nachdem sie jüngeren oder älteren Datums, weicher oder härter, gröfser oder kleiner ist, wird sie ein verschiedenes Operationsverfahren erheischen.

Die Gefahren der Operation sind, wie gesagt, bedeutend geringer geworden, und zwar für alle Formen der Katarakt ungefähr in gleichem Mafse.

Für die reifen Altersstare sind sie beinahe null. Das ist der Grund, warum die Einen zur Extraktion ohne Iridektomie zurückkehren, die Anderen ihren Patienten während der Nachbehandlung viel mehr Freiheit als ehedem gestatten können.

Die unvollständigen, unreinen, irgendwie komplizierten Stare aber erfordern (obschon ihre Entfernung häufig auch in dieser einfachen Weise gelingt) immer noch besondere Vorsicht, sowohl betreffs der Operation, als der Nachbehandlung.

Weit entfernt, einer einzigen universellen Extraktionsmethode nachzujagen und dieselbe unter dem Namen der »einfachen«, der »klassischen«, »nationalen«, »DAVIELschen« jedermänniglich aufnötigen zu wollen, werden wir es uns im Gegenteil angelegen sein lassen, die Operation jedem speziellen Falle anzupassen und nach Umständen zu modifizieren.

Wir werden auf diese Weise nicht nur aus den glänzenden Errungenschaften der modernen Chirurgie den gröfsten Nutzen ziehen, sondern auch der Segnungen des von den Vätern mit so grofsem Fleifs und so grofser Gewissenhaftigkeit errungenen Erbgutes nicht verlustig gehen.

Ebenso genaue Beobachter, ebenso gewandte Chirurgen wie sie, dazu aber noch ausgestattet mit den wundervollen Mitteln unserer Zeit, die ihnen unbekannt waren, werden wir nicht ermangeln, sowohl was die Zahl, als was die Vollkommenheit unserer Operationserfolge anbelangt, das höchste Ziel zu erreichen.